本书系国家社会科学基金青年项目"乡村振兴背景下小农户对接电商市场的机制与路径研究"（项目编号：22CGL027）；国家自然科学基金重点项目"乡村振兴进程中的农村经济转型的路径与规律研究"（项目编号：71934003）；江西省高校人文社会科学研究项目"相对贫困视角下农机服务与农户减贫作用机理研究：驱动力与支持政策设计"（项目编号：JJ21227）；江西省教育厅科学技术研究项目"乡村振兴背景下农业技术变迁对农村经济转型的作用路径与规律研究"（项目编号：GJJ210461）的阶段性成果。

本书受江西省"十四五"期间一流优势专业（农林经济管理）和江西省高校人文社科重点研究基地——江西农业大学"三农问题"研究中心资助

农机社会化服务采纳
对农户相对贫困缓解效应研究

邱海兰　著

九州出版社
JIUZHOUPRESS

图书在版编目（CIP）数据

农机社会化服务采纳对农户相对贫困缓解效应研究 /
邱海兰著 . -- 北京：九州出版社，2023. 9

ISBN 978-7-5225-2258-6

Ⅰ. ①农… Ⅱ. ①邱… Ⅲ. ①农业机械—社会服务—
作用—农户—扶贫—研究—中国 Ⅳ. ①F323. 8

中国国家版本馆 CIP 数据核字（2023）第 190778 号

农机社会化服务采纳对农户相对贫困缓解效应研究

作　　者	邱海兰　著
责任编辑	李创娇
出版发行	九州出版社
地　　址	北京市西城区阜外大街甲 35 号（100037）
发行电话	（010）68992190/3/5/6
网　　址	www.jiuzhoupress.com
印　　刷	唐山才智印刷有限公司
开　　本	710 毫米×1000 毫米　16 开
印　　张	14
字　　数	214 千字
版　　次	2024 年 1 月第 1 版
印　　次	2024 年 1 月第 1 次印刷
书　　号	ISBN 978-7-5225-2258-6
定　　价	68. 00 元

前　言

2020年，我国脱贫攻坚战取得了全面胜利，困扰了中华民族几千年的绝对贫困问题得到根除，在实现全体人民共同富裕的道路上迈出了坚实一步。但消除绝对贫困不是终点，而是新生活、新奋斗的起点。随着绝对贫困的消除，新时代中国的扶贫工作由实现"两不愁、三保障"目标进入到相对贫困治理的重要阶段，而相对贫困治理的重点仍然在农村。过去数十年，中国经济增长使农户的收入水平得到较大提升，摆脱了绝对贫困的境地，进入到全面建成小康社会的新时期，但农户相对贫困问题仍然存在，抑制了收入增长对农户的正效用，出现经济增长与幸福感不同步的中国式"伊斯特林悖论"。随着农村人口逐渐向城市流动，城乡收入不平等加重了农村居民的相对贫困状况。同时，乡土社会中，农村居民收入比较存在于农村内部，农村内部收入不平等带来的相对剥夺感会导致农户幸福感下降。此外，农户内生发展能力较弱，不利于实现长期化减贫目标。因而，缓解农户相对贫困对于社会和谐发展与个体幸福感增强都具有重要的现实意义。

农机社会化服务作为农业分工深化的重要表现，逐渐成为农业生产的重要组成部分，深刻影响着农业生产，并作用于农户经济行为选择，进而对农户相对贫困产生影响。考虑到数据可获性和相对贫困的长期性，本书分别利用2017年河南省农户调查数据和2018年广东省农户调查数据，采用计量分析模型，探究农机社会化服务采纳对农户相对贫困的缓解效应。

本书试图回答：农机社会化服务采纳对农户相对贫困的影响及其作用机理，以及是否存在异质性影响，并进一步讨论农机社会化服务采纳程度、服务供给主体对农户相对贫困的影响。基于现有的贫困理论研究，将农户相对贫困分解为农户经济相对贫困和农户多维相对贫困，同时基于农户收入比较对象差异，进一步将农户经济相对贫困分解为城乡比较视角下农户经济相对贫困和农村内部比较视角下农户经济相对贫困，探讨农机社会化服务采纳对不同维度下农户相对贫困的影响及其作用机理。

　　研究发现：第一，农机社会化服务采纳对城乡比较视角下农户经济相对贫困具有显著负向影响，有利于缓解农户经济相对贫困；农机社会化服务采纳通过促进农业生产效率、劳动力配置效率以及要素交易效率提升，缓解农户经济相对贫困；农机社会化服务采纳对农户经济相对贫困的影响在农户个体特征下具有异质性，户主为党员的情形下，农机社会化服务采纳的缓贫效果更明显；农机社会化服务采纳程度越高，越能缓解农户经济相对贫困；与农机户提供的农机社会化服务相比，由服务组织提供的农机社会化服务更能缓解农户经济相对贫困。第二，农机社会化服务采纳对农村内部比较视角下农户经济相对贫困具有显著负向影响，有利于缓解农户经济相对贫困；农机社会化服务采纳通过缩小劳动力禀赋差异和技术禀赋差异，缓解农户经济相对贫困；农机社会化服务采纳对农户经济相对贫困的影响在农户个体特征、家庭特征以及区域特征下具有异质性，户主为非党员、家庭劳动力数量少、承包地面积大以及村庄地形为平原的情形下，农机社会化服务采纳的缓贫效果更明显；农机社会化服务采纳程度越高，越能缓解农户经济相对贫困；与农机户提供的农机社会化服务相比，由服务组织提供的农机社会化服务更能缓解农户经济相对贫困。第三，农机社会化服务采纳对农户多维相对贫困具有显著负向影响，有利于缓解农户多维相对贫困；农机社会化服务采纳通过促进效率提升、增加资本积累以及降低风险冲击，缓解农户多维相对贫困；农机社会化服务采纳对农户多维相对贫困的影响在家庭特征和区域特征下具有异质性，家庭劳动力数量多、承包地面积大以及村庄地形为平原的情形下，农机社会化服务采纳的缓贫效果更明显；农机社会化服务采纳程度越高，越能缓解农户多维相对贫困；与农机户提供的农机社会化服务相比，由服务组织提供的农机社会化服务更能缓解农户多维相对贫困。

可见，进入以缓解相对贫困为重点的"后扶贫时代"，中国的农户相对贫困问题仍不容忽视。农机社会化服务作为小农户与现代农业有机衔接的桥梁，对于实现巩固拓展脱贫攻坚成果同乡村振兴有效衔接具有重要作用，缓解了农户相对贫困，一定程度上避免了农户成为"绝对收入增长，但相对收入下降和能力不足的'失意的成功者'"。因此，构建农户相对贫困的长效治理机制，应充分调动农户参与分工的积极性，进一步完善农机社会化服务供需体系，优化农机社会化服务组织的扶持政策；同时鼓励农地规模化经营与服务规模化经营有序衔接；强化山区农机社会化服务体系建设；完善农户就业技能培训配套体系，充分发挥农机社会化服务的减贫效应，激励农户由封闭化小农生产转向开放化现代经营，使其获得持续发展的动力，缓解相对贫困。

目 录
CONTENTS

第一章

绪　论

第一节　问题提出

贫困阻碍人类生存发展。打赢脱贫攻坚战后，中国开启了"后扶贫时代"即消除相对贫困的新征程。相对贫困问题主要表现为收入不平等和多维能力缺失（丁建彪，2020）。农户相对贫困是相对贫困治理的重中之重。现阶段，农户经济相对贫困问题凸显，表征为城乡以及农村居民内部收入差距持续扩大，其中，城乡居民人均可支配收入差距绝对值从 1998 年的 3263 元扩大到 2019 年的 26338 元，农村内部高收入组农户与低收入组农户的收入差距绝对值从 2004 年的 5924 元扩大到 2019 年的 31786 元[①]，收入不平等程度加剧，严重阻碍反贫困进程（王美昌、高云虹，2017）。同时，农村居民能力不平等程度较大（康锋莉等，2015），导致其贫困程度较深（郎贵飞、夏莹，2012）。因而，缓解农户相对贫困的关键在于缩小收入差距和提高发展能力。

相对贫困具有比较性、主观性、多元性与长期性的性质，决定了其有效治理的复杂性与艰巨性（罗必良，2020），本研究从农机社会化服务采纳这一微观视角进行切入，探讨农户相对贫困的缓解机制。对农户而言，其收入增长依赖于农业分工深化和劳动力的有效就业（罗必良，2007；高静、张应良，2014）。如果失去参与分工的自由，农户将会陷入制度性贫困（刘明宇，

---

① 数据来源于中国统计年鉴整理所得。

2004)。随着技术进步以及农村要素流动特别是剩余劳动力转移，农业专业化分工的空间逐渐被拓宽（罗必良，2008；刘家成等，2019），而农机社会化服务正是农业分工深化的重要体现（董欢，2016），能够有效提升效率，增加农户收入（邱海兰、唐超，2019），进而对农户相对贫困产生影响。同时，农机社会化服务的引入改变了传统农业生产方式，进一步放松了土地、劳动力禀赋对于农业生产的约束，而其作为技术进步的结果，会影响农户技术禀赋，并最终转化为对农户收入的影响。另外，与绝对贫困相比，相对贫困具有长期性和复杂性等特征，因而缓解农户相对贫困需着眼于农户内生发展能力提升，使其获得持续性脱贫动力，避免其落入相对贫困陷阱（林闽钢，2020；罗必良、罗明忠，2020）。传统小农生产缺乏与外部环境的有效互动，导致农户能力发展受限，贫困程度较深。随着农业分工逐渐深化，农户开始走向开放化生产经营，其发展能力在这一过程中得到提升，进而影响其相对贫困状态，而农机社会化服务采纳是农户参与社会化分工的一个重要表征，对缓解农户相对贫困具有积极作用。因此，有必要探讨农机社会化服务采纳对农户相对贫困的影响及其作用机制，为构建农户相对贫困长效治理机制提供微观选择路径。

在农村劳动力非农转移加快的现实背景下，农机社会化服务成为小农户与现代农业有机衔接的桥梁。截至 2019 年 11 月 1 日，中国农机专业户超过 500 万户，农机合作社等作业服务组织约为 20 万个，每年作业服务面积累计超过 40 亿亩[①]，农机社会化服务正深刻影响着农业农村发展，同时随着科学技术的不断发展，像智能农机等新技术的涌现，未来农业现代化的实现也将离不开农机社会化服务。实践中，农机社会化服务助力农户脱贫的案例层出不穷，农机扶贫取得了丰硕的成果（农业农村部，2020）。因此，探讨农机社会化服务采纳对农户相对贫困的影响既符合现实发展要求，也为今后减贫治理提供了一个较为新颖的视角。

基于课题组调查数据发现，采纳农机社会化服务的农户中收入低于均值

---

① 中华人民共和国农业农村部：农机购置补贴让农业机械化跑出"加速度"，2019 年 11 月 1 日。

的农户占比 60.52%，农地经营规模低于均值的农户占比 60.56%，弱禀赋的农户更倾向于采纳农机社会化服务。同时，采纳农机社会化服务的农户的相对贫困发生概率普遍低于未采纳农机社会化服务的农户（见表1-1）。可见，农机社会化服务采纳对农户相对贫困具有负向影响。

由表1-1可知，从整地服务看，采纳整地服务的农户的经济相对贫困和多维相对贫困的发生概率普遍低于未采纳整地服务的农户。同时从收割服务看，采纳收割服务的农户的经济相对贫困和多维相对贫困的发生概率也普遍低于未采纳收割服务的农户。那么，农机社会化服务采纳是否显著缓解了农户相对贫困，其缓解程度如何？进一步地，其作用机制如何？农机社会化服务采纳对农户相对贫困的缓解作用是否存在异质性？其缓解作用是否会随农机社会化服务采纳程度上升而增加，以及是否受农机社会化服务供给主体的影响？应从理论和实证两个层面予以解释。

为此，本研究将着重围绕以下三个问题展开：一是农机社会化服务采纳对农户相对贫困的影响及其作用机制；二是不同个体特征、家庭特征以及区域特征下农机社会化服务采纳对农户相对贫困的异质性影响；三是农机社会化服务采纳程度和服务供给主体对农户相对贫困的影响。

第二节　研究目的与意义

本研究以课题组于2017年对河南省2750份农户的调查数据为基础，基于分工理论和贫困理论，实证分析农机社会化服务采纳对农户经济相对贫困和多维相对贫困的影响，剖析农机社会化服务采纳对农户经济相对贫困和多维相对贫困的作用机制，把握农机社会化服务采纳对农户经济相对贫困和多维相对贫困的异质性影响，探究农机社会化服务采纳程度和服务供给主体对农户经济相对贫困和多维相对贫困的影响，并在此基础上提出缓解农户相对贫困的政策启示，为政府部门制定与完善农户相对贫困治理政策提供科学的决策依据。

表1-1　农机社会化服务采纳与农户相对贫困交叉分析

农机社会化服务采纳		城乡比较视角下农户经济相对贫困		农村内部比较视角下农户经济相对贫困		农户多维相对贫困		频数	百分比
		均值	均值差异	均值	均值差异	均值	均值差异		
整地服务采纳	否	0.855	0.135***	0.465	0.121***	0.580	0.151***	705	25.64
	是	0.720		0.344		0.429		2045	74.36
收割服务采纳	否	0.896	0.165***	0.524	0.175***	0.628	0.188***	404	14.69
	是	0.731		0.349		0.440		2346	85.31
农机社会化服务采纳	否	0.928	0.198***	0.541	0.190***	0.650	0.209***	349	12.70
	是	0.730		0.351		0.441		2401	87.30

注：本研究中的农机社会化服务采纳指采纳整地或收割服务，下同。农户相对贫困的相关概念在后文中予以了界定。数据来源于课题组2017年对河南省农户的问卷调查。

一、研究目的

（1）厘清农机社会化服务采纳对农户相对贫困的影响及其作用机制。传统生产方式下，农业分工受限，导致农业发展滞后和农户增收乏力。随着农机社会化服务的应用发展，农业分工空间被进一步拓宽，有效提升了农业生产效率，并对农户行为产生影响，进而作用于其相对贫困状态。既有研究聚焦于农机社会化服务采纳对农户收入的影响，未进一步考察农机社会化服务采纳对农户相对贫困的影响及其作用机制。因此，本研究致力于探究农机社会化服务的缓贫效应，基于分工理论和贫困理论，厘清农机社会化服务采纳对不同维度下农户相对贫困的作用机制，并通过实证模型予以检验，为构建分工视域下农户相对贫困治理的长效机制提供针对性对策建议。

（2）明确农机社会化服务采纳对农户相对贫困的异质性影响。农机社会化服务采纳对农户相对贫困在不同条件下是否具有相同的缓解效应，在何种情形下农机社会化服务采纳对农户相对贫困的缓解效应更突出？对这一系列问题的探讨，有助于更好地厘清农机社会化服务的缓贫效应，为脱贫攻坚和乡村振兴有效衔接提供理论依据。

（3）明晰农机社会化服务采纳程度和服务供给主体对农户相对贫困的影响。农机社会化服务采纳程度越高，农户相对贫困的缓解效应是否越明显，同时农机社会化服务供给主体的差异是否会影响农机社会化服务的缓贫效应，农机社会化服务由服务组织提供还是农机户提供，对农户相对贫困的缓解作用更明显？对这些问题的探讨，有助于进一步厘清农机社会化服务的缓贫效应，从农业分工参与视角更深入地解析缓解农户相对贫困的微观路径，为制定和实施有效的缓贫政策措施提供新的视角和参考。

二、研究意义

（1）理论意义。进入以相对贫困治理为重点的"后扶贫时代"，农户相对贫困问题仍是中国贫困治理的重中之重。农机社会化服务作为小农户与现代农业有机衔接的桥梁，对于推进脱贫攻坚和乡村振兴战略有序衔接具有重要作用。本研究以分工理论和贫困理论为基础，解析农机社会化服务采纳的脱贫效应机制，构建分工视角下农机社会化服务采纳缓解农户相对贫困的理论框架，为相对贫困治理研究提供一个较为新颖的切入点，进一步丰富现有的贫困治理研究，同时深化农机社会化服务的效应研究，有助于检验分工理论在中国农村减贫领域的适用性，为相关政策的制定与完善提供理论参考。

（2）现实意义。随着中国绝对贫困问题的解决，进入"后扶贫时代"，顺应现实发展要求，研究重心将向相对贫困治理问题转移。与传统的单维贫困测度标准相比，多维贫困不仅包括了收入维度下的测度指标，而且还包括了各类客观的和主观的非货币性指标，是涵盖收入与人类可行能力的集合，更具合理性。特别是对于中国城乡二元结构下农村家庭来说，其面临的多维复杂境况使单维贫困理论的适用性受到了极大局限。本研究将从经济和多维两类视角对相对贫困进行识别和测度，从多个层面刻画农户相对贫困状况，为相对贫困治理提供理论参考。农机社会化服务促使农户由封闭化小农生产转向开放化现代经营，不仅影响着农业效益，同时改变了传统农户家庭的分工格局，进而作用于农户贫困状态。因此，探讨农机社会化服务对农户相对贫困的影响，有助于适应现实发展要求，为农户相对贫困治理提供农机社会化服务发展的理论证据，进一步制定和完善与农户相对贫困治理相适应的农机社会化服务发展体系。

第三节　研究内容与思路

一、　研究内容

本研究聚焦农机社会化服务采纳对农户相对贫困的影响，主要包括以下四个方面内容：

（1）农机社会化服务采纳对农户相对贫困的作用机理。该部分主要对农机社会化服务采纳影响农户相对贫困的机理进行分析，基于分工理论和贫困理论，将农户相对贫困分解为经济相对贫困和多维相对贫困，同时将经济相对贫困进一步按照比较对象的不同分解为城乡比较视角下农户经济相对贫困和农村内部比较视角下农户经济相对贫困，探究农机社会化服务采纳对于不同维度下农户相对贫困的缓解机制。

（2）农机社会化服务采纳对城乡比较视角下农户经济相对贫困的影响。该部分主要通过实证检验的方式，考察在其他因素不变的情况下，采纳农机社会化服务后，城乡比较视角下农户经济相对贫困能否得到缓解，缓解机制如何以及缓解效应差异。首先是农机社会化服务采纳对城乡比较视角下农户经济相对贫困的基准回归检验，并进行相关稳健性检验和内生性讨论，以确保结论的可靠性；其次是农机社会化服务采纳对城乡比较视角下农户经济相对贫困的作用机制检验；最后是异质性条件下农机社会化服务采纳对城乡比较视角下农户经济相对贫困的检验，以及进一步讨论农机社会化服务采纳程度和服务供给主体对城乡比较视角下农户经济相对贫困的影响。

（3）农机社会化服务采纳对农村内部比较视角下农户经济相对贫困的影响。该部分主要通过实证检验的方式，考察在其他因素不变的情况下，采纳农机社会化服务后，农村内部比较视角下农户经济相对贫困能否得到缓解，缓解机制如何以及缓解效应差异。首先是农机社会化服务采纳对农村内部比较视角下农户经济相对贫困的基准回归检验，并进行相关稳健性检验和内生性讨论，以确保结论的可靠性；其次是农机社会化服务采纳对农村内部比较视角下农户经济相对贫困的作用机制检验；最后是异质性条件下农机社会化服务采纳对农村内部比较视角下农户经济相对贫困的检验，以及进一步讨论农机社会化服务采纳程度和服务供给主体对农村内部比较视角下农户经济相对贫困的影响。

（4）农机社会化服务采纳对农户多维相对贫困的影响。该部分主要通过实证检验，考察在其他因素不变的情况下，采纳农机社会化服务后，农户多维相对贫困的缓解效应与作用机制及其差异性。首先是农机社会化服务采纳对农户多维相对贫困的基准回归检验，并进行相关稳健性检验和内生性讨论，以确保结论的可靠性；其次是农机社会化服务采纳对农户多维相对贫困的作用机制检验；最后是异质性条件下农机社会化服务采纳对农户多维相对贫困的检验，并进一步讨论农机社会化服务采纳程度和服务供给主体对农户多维相对贫困的影响。

二、研究思路

本研究遵循"分工深化—农机社会化服务采纳—农户相对贫困缓解"的基本逻辑思路，基于分工理论和贫困理论，从经济和多维两类视角厘清农机社会化服务采纳对农户相对贫困的影响机理；采用课题组于 2017 年在河南省收集的 2750 份农户问卷调查数据，运用 Logit 模型和中介效应模型等实证检验农机社会化服务采纳对农户相对贫困的影响及其作用机制。具体研究思路如图 1-1 所示：

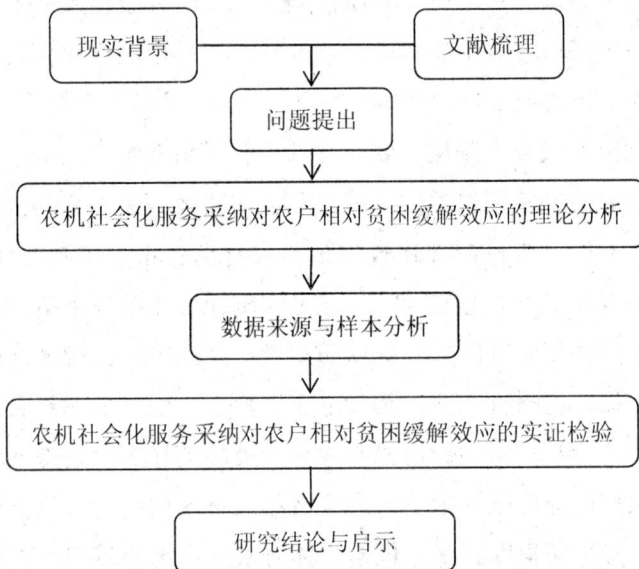

图 1-1　研究思路

第四节　研究方法与技术路线

一、研究方法

本研究主要采取实地调研法、文献对比法以及计量分析法，考察农机社会化服务采纳对农户相对贫困的影响。

（1）问卷调查法。问卷调查是获取数据的主要途径，是指根据具体研究问题设计问卷，并选取有代表性的样本进行抽样调查来获得关于研究对象的微观数据。本研究数据源于课题组 2017 年对河南省 6 县农户问卷调查基础上形成的数据库，用于研究农机社会化服务采纳对农户相对贫困的影响。同时，为进一步确保实证研究结果的稳健性，本研究采用变更样本的方式对模型进行了重新估计。在稳健性检验中，将样本替换为广东省新丰县重新进行回归。数据来源于课题组 2018 年对广东省韶关市新丰县的农户问卷调查。河南省的样本户以小麦种植为主，广东省的样本户以水稻种植为主；而且河南省属于北方平原地带，广东省属于南方丘陵和山区地带。本研究通过变更样本的方式进行稳健性检验，以增强可信度和代表性。

（2）文献对比法。运用归纳、对比、述评的方式，辨识各派观点的解释力及其适应性，探究深层次理论逻辑。聚焦"贫困认知演化""相对贫困成因及治理机制""农业社会化服务与农户相对贫困"三类观点，挖掘其研究空间，并提出本研究可能的创新之处。

（3）计量分析法。本研究主要运用 Logit 模型和中介效应模型探讨农机社会化服务采纳对农户相对贫困的影响及其机制，并辅以替代法进行稳健性检验，以 PSM（Propensity Score Matching）法和 ERM（Extended Regression Model）法进行内生性检验，以求结论的可靠性和稳健性。

二、技术路线

基于前文的梳理分析，本研究遵循"背景分析（即问题提出）—理论分析—实证检验—政策启示"的基本逻辑思路展开研究，具体技术路线如图1-2所示：

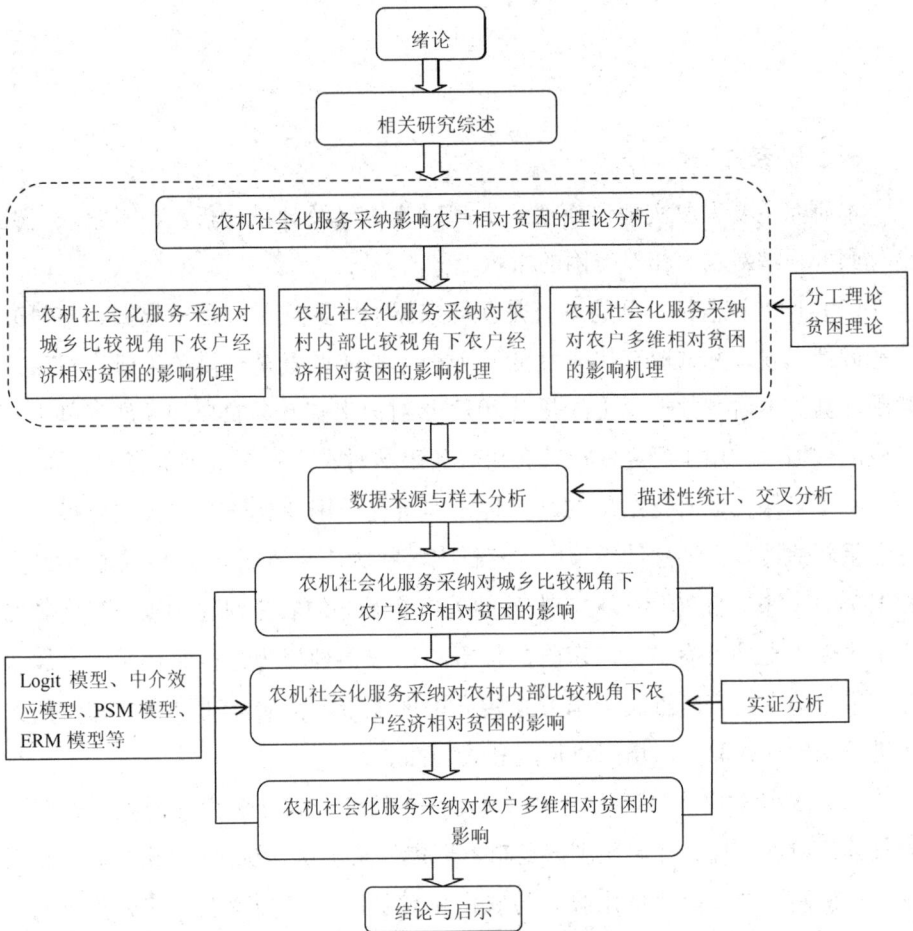

图 1-2 技术路线图

第五节 核心概念界定

一、农机社会化服务

农业社会化服务是指为农业的产前、产中、产后提供的优质、高效、全面、配套的公益性服务及经营性服务。农业社会化服务的供给主体涉及政府、企业以及社会个体等，其提供的服务项目包含技术服务、农机服务、信贷服务、信息服务等（夏蓓，2016）。农业社会化服务的本质是不同的社会主体通过市场将其独立生产或服务的某一环节进行有机联结，属于专业化分工的范畴（龚道广，2000）。随着技术和信息的不断发展，现代农业产业链的专业化分工程度逐渐提高，农业产业内部开始分化成各类服务性和生产性组织，并形成了以生产、流通和消费为核心的农业综合性服务系统。在该服务系统中，不同参与主体逐渐从交易关系发展为竞争合作关系，将农业产业不同环节进行有机结合，建立起以生产、商业等形式为主的农业联合体（龚继红，2011）。

农业生产性服务以农机作业、农技推广、农资配送以及农产品营销等服务为主（Kenneth，1998），同时还包含农产品质量安全管控、农业信息和涉农金融保险服务等。在《关于加快发展农业生产性服务业的指导意见》中明确对农业生产性服务业的服务领域进行了界定，其服务范围包含农机作业和维修、农业绿色生产技术服务、农业市场信息服务、农资供应服务、农产品营销服务、农业废弃物资源化利用服务以及农产品初加工服务等。基于农业产业链视角而言，农业生产性服务指的是服务个体或组织为农业产业的产前、产中以及产后所提供的中间性投入服务，涉及农业全产业链（芦千文，2019）。

农机社会化服务是农业社会化服务的重要组成部分（郭如良等，2020）。原农业部《关于大力推进农机社会化服务的意见》中对其进行了明确定义。

农机社会化服务是指农机服务组织、农机户为其他农业生产者提供的机耕、机播、机收、排灌、植保等各类农机作业服务，以及相关的农机维修、供应、中介、租赁等有偿服务的总称（农业部，2013）。农机社会化服务不包括自持机械和共用机械的情况（纪月清等，2016），即不含自我服务。本研究中的农机社会化服务仅为农机服务组织、农机户为农户提供的机械作业服务，不包含农机维修、供应、中介、租赁等服务。可见，农机社会化服务与农业社会化服务和农业生产性服务属于包含关系，农机社会化服务包含在农业社会化服务和农业生产性服务之中。

二、农户相对贫困

相对贫困的理念来源于英国学者唐森德在 1979 年提出的相对剥夺理论。在其看来，如果个体或家庭以及某一群体难以遵循其所处于的社会中所广泛接受的、习惯的以及鼓励的方式生活，即可以将其判定为处于贫困状况（Ravallion and Chen，2011）。相对贫困的概念则由英国经济学家汤森所提出。汤森在其著作《英国的贫困》中，首次对相对贫困的概念进行了界定，其后得到了众多学者的呼应。他们将相对贫困视作教育、医疗以及就业等机会和能力的缺失，而不仅是收入和消费匮乏的问题。相对贫困不仅受阶层间收入和财富分配的影响，而且受个体的自我认同和社会公平观影响，所以相对贫困属于客观现象，同时呈现主观性、连续性以及发展性等特征（张传洲，2020）。诺贝尔经济学奖得主阿玛蒂亚·森基于可行能力视角，将相对贫困定义为个体或家庭的可行能力被剥夺（阿马蒂亚·森，2002），其现实意义在于突出反映了相对贫困的真实状况，即"真实贫困"（林闽钢，2020）。伴随社会经济的不断发展，"能力贫困"逐渐占据贫困研究的主流（张琦等，2020）。

可见，相对贫困的内涵不仅包含了以收入分配为核心的经济面向，同时更加注重于讨论其社会性维度（吕方，2020）。综合看，相对贫困是指收入低于某一群体或能力缺失的状态，其内核表征为收入不平等，而外围则是医疗、教育、社会机会等多维能力缺失（如图 1-3 所示）。按照这一定义，相对贫困可分为经济相对贫困和多维相对贫困。同时对于农户群体而言，其收入不平等不仅体现在城乡居民之间，而且存在于农村居民内部之间的收入差距。为了考察两种收入差距导致经济相对贫困的异质性，本研究将农户经济相对贫困进一步分解为城乡比较视角下农户经济相对贫困和农村内部比较视角下农户经济相对贫困。因而，本研究将着重围绕农机社会化服务采纳对城乡比较视角下农户经济相对贫困和农村内部比较视角下农户经济相对贫困以及农户多维相对贫困的影响展开。

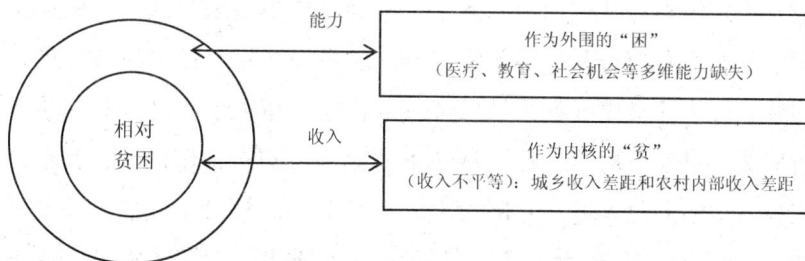

图 1-3 农户相对贫困的概念理解

第六节 创新点

（1）基于农机社会化服务采纳探讨农户相对贫困问题，视角较为新颖。随着社会经济环境变迁，农村各类生产要素开始迅速流动，特别是劳动力要素的向外转移，使得农机社会化服务逐渐成为农业生产的重要组成部分；随着未来科学技术的不断进步，农机社会化服务将持续影响着农业生产，促进传统农业生产方式发生改变，家庭分工格局被重新定义，农户行为随之转变，进而影响着农户相对贫困状况。既有研究关注了农机社会化服务对农户收入的影响，但未进一步揭示农机社会化服务采纳对农户相对贫困的影响及其机制。本研究不仅从理论上对农机社会化服务采纳影响农户相对贫困的作用机理进行分析，而且利用农户调查数据实证检验了农机社会化服务采纳对农户相对贫困的影响及其机制，为后续相关研究奠定了基础。

（2）基于贫困治理理论将农户相对贫困进行分解，并分别构建了农机社会化服务采纳对不同维度的农户相对贫困的理论分析框架。基于现有的贫困理论研究可知，相对贫困既包括以收入不平等为代表的经济维度，同时也包括以能力缺失为代表的多维贫困。因而，本研究将农户相对贫困分解为农户经济相对贫困和农户多维相对贫困，与此同时考虑了农户收入不平等在城乡和农村内部层面的差异，将农户经济相对贫困进一步分解为城乡比较视角下农户经济相对贫困和农村内部比较视角下农户经济相对贫困。对于城乡比较视角下农户经济相对贫困而言，其治理路径在于提高农户收入，因而本研究基于"农机社会化服务采纳—效率提升—农户经济相对贫困缓解"的逻辑思路，构建了农机社会化服务采纳缓解城乡比较视角下农户经济相对贫困的理论分析框架。对于农村内部比较视角下农户经济相对贫困而言，其治理路径在于减少农户间的收入差距，因而本研究基于"农机社会化服务采纳—禀赋差异缩小—农户经济相对贫困缓解"的逻辑思路，构建了农机社会化服务采纳缓解农村内部比较视角下农户经济相对贫困的理论分析框架。对于农户多维相对贫困，其治理路径在于提高农户内生发展能力，本研究梳理出农机社会化服务采纳缓解农户多维相对贫困的三大机制，包括效率提升、资本积累增加以及风险冲击降低。

（3）采用较为前沿的计量模型进行实证研究。既有研究受限于模型发展，在处理内生性问题时较少考虑内生解释变量的类型问题，而随着实证模型的进一步发展，内生解释变量的类型问题开始逐渐受到重视。ERM 模型是国际前沿的内生性处理方法，与传统工具变量法只适用于内生解释变量为连续型的情形相比，其适用于内生解释变量为连续型和离散型两种情形。本研究应用 ERM 模型探讨农机社会化服务采纳影响农户相对贫困的内生性问题，以更好地刻画农机社会化服务采纳对农户相对贫困的影响，确保研究结论的可靠性。

第二章

文献综述

本研究运用归纳、对比、述评的方式，梳理已有文献，辨识各派观点的解释力及适应性，探究深层次理论逻辑。聚焦"贫困认知演化""相对贫困成因及治理机制""农业社会化服务与农户相对贫困"三类观点，挖掘其研究空间，并提出本研究可能的创新之处。

第一节　贫困认知演化

贫困认知演化体现在贫困理论变迁和贫困概念内涵深化两个方面。贫困理论视角由经济向文化以及社会视角拓展，而贫困概念内涵从绝对贫困向相对贫困、单一贫困向多维贫困深化。

一、贫困理论变迁

经济视角下，贫困理论主要包括纳克斯的"贫困恶性循环"理论、纳尔逊的"低水平均衡陷阱"理论、缪尔达尔的"循环积累因果"理论、莱宾斯坦的"临界最小努力"理论、舒尔茨的"人力资本"理论等。纳克斯在其著作《不发达国家的资本形成问题》中，系统性地论述了"贫困恶性循环"理论，并将其用于探寻经济发展缓慢的国家持续性停滞不前、长期处于落后境地的原因。在其看来，供给循环和需求循环是导致发展中国家经济难以实现有力增长的主要原因。一方面，供给循环指的是，当一个国家收入水平低下，则意味着储蓄率低，而低储蓄率会导致资本形成不足，进而引起生产率低下，并最终导致收入低下，陷入"低收入—低储蓄—低生产率—低收入"的恶性循环。另一方面，需求循环指的是，当一个国家收入低下，则意味着购买力低，而低购买力会引起资本投资不足，进而难以提升生产效率，并最终导致低收入，陷入"低收入—低购买力—低生产率—低收入"的恶性循环（曾志红，2013）。供给循环和需求循环互相影响，导致发展中国家长期处于贫困和低收入的恶性循环之中。

纳尔逊和缪尔达尔分别提出与纳克斯的"贫困恶性循环"理论相似的"低水平均衡陷阱"理论和"循环积累因果"理论（申康达，2014）。纳尔逊的"低水平均衡陷阱"理论将资本形成视作消除贫困的主要路径。在其看来，正是由于较低的人均收入使得储蓄能力缺乏，进而导致资本投资量较小，资本形成不足，最终使得人均收入难以增加，同时这一贫困现象具有稳定性，在缺乏外力推动的条件下，这一均衡现象将难以打破。缪尔达尔从经济、文化、政治等不同层面阐述了欠发达国家如何因收入低下而陷入贫困循环之中。在其看来，社会经济发展过程本身属于一种动态系统，当各类因素相互影响后，从而表征出某种"循环积累"的发展态势。由于较低的收入水平，欠发达国家的人们生活条件较差，而较差的生活条件会导致其营养水平低下、医疗卫生状况不佳，进而使得其健康水平降低，劳动力质量和素质下降以及生产率降低，并最终导致其收入进一步减少，然后又再次开启新一轮的贫困循环。

"临界最小努力"理论由莱宾斯坦提出，其理论基础在于认同"贫困恶性循环"理论和"低水平均衡陷阱"理论的理念，即承认存在贫困陷阱这一事实。莱宾斯坦指出欠发达国家贫穷的原因在于贫困恶性循环和低水平均衡陷阱的存在，如果要跳出这一陷阱，则需要在经济发展的初始阶段实施大规模投资，并且投资效率能够使国民收入增长水平高于人口的增长水平，进而出现一种临界最小努力（胡伦，2019）。当欠发达国家经济的内在刺激太小，低于促进经济快速发展的最小临界值，会使得经济重新落入低收入均衡陷阱，导致贫困的稳定均衡现象无法被打破。因而，打破贫困陷阱的关键在于努力增加人均收入，而人均收入难以实现有效提升的关键在于经济发展过程中增加收入的力量和减少收入的力量相互对立、相互制约。上期收入水平和投资水平是决定增加收入的力量的主要因素，而上期投资规模和人口增长率是决定减少收入的力量的主要因素。当减少收入的力量超过增加收入的力量，则意味着人口增长抵消了人均收入增长，经济重新回到原有的低水平均衡；相反地，当增加收入的力量超过减少收入的力量，则意味着人均收入实现高速增长，低收入均衡现象被打破，并逐渐形成高收入的稳定均衡。在莱宾斯坦看来，低水平均衡陷阱的突破离不开临界最小努力，而要实现临界最小努力则应达到一定的条件，包括激发社会经济发展动机、创造合适的投资环境、激励群众的冒险精神、鼓励创新创业以及营造良好的经济增长氛围等。莱宾斯坦的"临界最小值努力"理论注重探讨欠发达国家或地区经济发展迟缓的原因，并指出资本形成在促进经济增长中的作用，以及临界最小值努力在打破低水平均衡陷阱和消除贫困中的影响。"临界最小值努力"理论为欠发达国家或地区提升经济发展现状认知和寻求摆脱贫困的突破点提供了重要的理论参考。

舒尔茨和贝克尔突破传统资本理论的束缚，在 20 世纪 60 年代开创了"人力资本"理论，将资本重新划分成人力资本和物质资本，为相关经济理论研究和实践提供了全新的视角和思路（李瑞华，2013）。"人力资本"理论主张将人力资源视作最重要的资源，人力资本为经济研究的核心内容；人力资本对经济增长的作用高于物质资本，并且人力资本投资和国民收入具有正相关关系，人力资本的增长速度快于物质资本；人力资本研究的核心主题在于如何提升人口质量，而教育投资被视为人力资本投资的重要组成部分，也是促进人口素质提升最根本的方式，因而人力资本投资通常被当作教育投资。"人力资本"理论表明缓解贫困的路径之一在于增加人力资本投资，提升人口素质，进而促进收入增长。另外，舒尔茨1979年提出的"穷人经济学"思想为贫困和反贫困理论研究作出了重要贡献。舒尔茨认为由于农村生活了世界上绝大多数的贫困人口，穷人经济学也可以看作是农业经济学，强调农业发展对社会经济增长的重要性，是促进经济增长的原动力，因而一个国家或地区应将农业放于经济发展的基础位置。在对欠发达国家或地区所实施的经济政策和效果进行比较后，舒尔茨得出了重要结论。他指出一般对农业给予了足够重视的国家或地区基本都衣食无忧，相反轻视农业重视工业的国家或地区几乎都困难重重；农村落后的原因在于部分欠发达国家或地区过度轻视农业，重视工业，导致农业收益率低下，打击了农业生产的积极性，而非农民愚昧，相反农民大多在其既有条件下实现了资源的最优配置。因而，要摆脱农村贫困和落后状况，应该着力转变轻视农业的观念，注重农业发展，借助新生产要素的引入，进行技术创新，推动农业收益率的不断提升。

刘易斯在其 1959 年的著作《五个家庭：关于贫困文化的墨西哥实例研究》中最早提出"贫困文化"的概念，并逐渐演化为"贫困文化"理论。刘易斯在对墨西哥贫困家庭和社区进行比较研究中发现，贫困问题是由社会文化所导致的。其认为贫困本身属于自我维系的文化体系，贫困人口与其他社会主体在社会文化层面是互相隔离的。在持续的贫困状况中，贫困人口逐渐形成了某种特定化的价值观念和行为规范，这种排斥在社会主流文化外的专属于贫困群体的亚文化一旦形成，将会持续影响贫困人口，甚至会对周围其他社会主体产生影响，并且贫困的亚文化会不断迫使贫困群体远离社会生活的主流，在长期的封闭状态下，不断复制贫困（李晓明，2006）。但是，"贫困文化"理论也受到了部分学者的质疑。一些学者指出"贫困文化"充其量只能作为某些行为特征，而难以将其称作为文化，同时贫困文化源于贫困人口对外部环境的适应，而非贫困人口的自我选择，贫困人口缺乏自我选择的机会（周怡，2002）。另一些学者指出"贫困文化"理论具有明显的不足，其在研究方法和研究资料使用上都存在缺陷，概念阐述上也存在逻辑矛盾和模糊不清的问题，同时其隐含了对贫困人口的歧视的价值观念和社会达尔文主义思想（Valentine，1995）。本质上，"贫困文化"理论并未能脱离"生命周期"理论和"贫困恶性循环"理论范畴。虽然"贫困文化"理论对贫困问题的解释从国家层面缩小到社区层面，但仍然与早期的"动态贫困"理论相似，侧重于考察整体性贫困波动，并且还具有宿命论的含义。尽管如此，"贫困文化"理论将贫困研究视角逐渐从经济范畴扩展到文化范畴，进一步丰富了已有的贫困理论研究，也为社会视角下的贫困理论研究奠定了基础。

社会视角下的贫困理论主要指的是"生命历程"理论。"生命历程"理论最早起源于 20 世纪初期，并由埃尔德在 20 世纪 70 年代正式提出，用于解释社会变迁如何作用于个体，同时为何会产生不同的人生轨迹。"生命历程"理论表征了研究范式的转变，强调了时间、过程、情景等概念在社会科学研究中的基础地位。另外，"生命历程"理论提供了相应的理论框架，用于指导变量选择、问题判定、研究设计和推理以及分析策划等（埃尔德，2002）。总之，"生命历程"理论所刻画的含义为：人们能够选择其人生道路，但其选择并非产生于社会真空中，而是取决于社会、文化等提供的机会，同时受历史等因素的制约。直到 1999 年，"生命历程"理论逐渐应用于动态贫困研究领域。基斯林在其著作《西方福利国家的贫穷与时间》中主张将"生命历程"理论用于分析贫困问题（Leisering and Leibfried，1999），而国内学者也开始将"生命历程"理论应用于老年贫困和反贫困干预的研究上（胡薇，2009；徐静、徐永德，2009）。

二、贫困概念内涵深化

从绝对贫困到相对贫困。学术界从 19 世纪末开始对低收入人口和贫困群体进行系统性研究，并以英国经济学家 Rowntree（1901）和 Booth（1902）对于伦敦贫困问题的研究作为开端。最初，学界关于贫困的认知往往局限于生活资料的匮乏，通常将满足生计所需的物质资料作为贫困衡量指标（Rowntree，1901；OECD，1976；美国社会保障署，1990）。到了 20 世纪中期，基于对贫困人口的社会交往需求和人力资本积累需求的考虑，部分学者将社会保障纳入贫困衡量指标体系中，诸如基础教育、公共卫生环境、文化设施等，并由此提炼出基本需求概念（沈扬扬，2013）。例如，Townsend（1979）指出当个体、家庭或者群体缺乏生存所需的食物、参与社会活动和社交资源，则应当被视为处于贫困状态。世界银行在《1980 年世界发展报告》中主张将难以拥有足够的资源去享有社会普遍认同的生活条件、社会活动等的机会的个体、家庭或者群体，判定为贫困人口。Reynocds（1986）将贫困概念定义为家庭缺乏足够的收入来保障其基本生活。

总体而言，绝对贫困概念界定的核心在于准确把握基本生活所需。随着社会经济发展水平的提升，部分发达国家逐渐消除了绝对贫困的现象，迈入了相对贫困治理的新征程。相对贫困的概念起源于英国经济学家 Townsend 在 1979 年提出的"相对剥夺"理论。在 Townsend 看来，当个体、家庭或者特定群体难以遵循其所生活的社会所广泛接受、习惯以及鼓励的方式生活，那么便可以将其看作是处于贫困状态（Ravallion and Chen，2011）。显然，相对贫困的概念内涵开始从经济维度逐渐向社会维度扩展。早在亚当·斯密的著作中，贫困的社会性含义便已纳入讨论。亚当·斯密以麻布衬衫为例，进行了说明。他认为麻布衬衫即使在希腊人和罗马人生活的时代，也不能算是严格意义上的生活必需品，麻布衬衫对其生活的舒适度毫无影响，但在当时，对于欧洲大部分地方而言，如果一个值得信任的劳工没有一件能够出现在社会公共场合的麻布衬衫，其可能会因此而感到羞耻。亚当·斯密借用麻布衬衫的比喻隐含了对于贫困的社会性维度的讨论。此后，经济学家们通过对贫困的研究不断强调这一讨论的重要性，并指出"麻布衬衫"的生活方式广泛存在于世界各地的贫困人群中，其目的在于表明社会身份，并借此寻求社群融入。正如 2019 年诺贝尔经济学奖得主班纳吉和迪弗洛的研究所揭示的，部分贫困群体即便忍受饥饿，也要追求某些看似"昂贵"的消费，其在节日和聚会上的支出在其家庭总支出中占据非常大的比重（Banerjee and Duflo，2007）。

不难发现，上述研究表明即便是处于"赤贫"状态下的贫困群体，也存在比较性需求，因而应将比较性需求也纳入贫困的界定范畴。大多数国家在设置官方贫困标准时，会考虑将贫困线划分为食物贫困线和非食物贫困线。食物贫困线是指维持生存所需的每日热量摄入量，非食物贫困线指的是医疗、教育以及社会交往活动等测度指标。可见，绝对贫困和相对贫困的区别在于参照系的差异，绝对贫困是以个体生存需要的规范性标准作为参照系，而相对贫困是以社会广泛接受和认可的方式生活的比较性标准作为参照系（吕方，2020）。

就经济层面而言，相对收入是衡量相对贫困的重要指标，而相对收入受收入差距程度影响，即使收入增加能够降低绝对贫困程度，但如果收入差距在这一过程不断扩大，那么也必然出现大量的相对贫困人群。从这一意义上而言，相对贫困的概念界定与收入不平等息息相关（罗明忠、邱海兰，2021），甚至在某种程度上看，相对贫困与不平等是一枚硬币的两面，属于同

一个问题（沈扬扬，2013）。相对贫困概念定义及标准的相关文献整理成表
2-1。

表 2-1　相对贫困概念定义及标准

代表作者/年	研究对象	相对贫困定义	相对贫困标准
阿马蒂亚·森（2002）	个体/家庭	相对贫困是指可行能力被剥夺	包括经济条件、透明性保证、防护性保障、社会机会、政治自由5个方面
陈宗胜等（2013）	农村居民	相对贫困问题即研究贫困人群收入在总收入中的分配比例问题，因而是收入分配研究的重要内容	上一年农村居民的平均收入乘以均值系数作为下一年农村"相对贫困线"，并将0.4~0.5的均值系数作为界定"相对贫困"的标准
程永宏等（2013）	城乡家庭	相对贫困是指收入水平不足以维持正常的社会联系的状况	人均收入的50%作为相对贫困的标准
杨帆、庄天慧（2018）	农民工	相对贫困包括经济相对贫困和多维能力相对贫困	经济相对贫困使用当年的收入水平来衡量，低于城镇居民人均可支配收入的50%视为相对贫困；多维能力相对贫困包括经济水平、社会机会、透明性保证、防护性保障、组织参与
孙久文、夏添（2019）	城乡居民	相对贫困是基于收入相对差距的一种贫困类型	以两区域、两阶段方法设立相对贫困标准，以5年为调整周期
沈扬扬、李实（2020）	城乡居民	相对贫困与收入分配相关	分城乡设置相对贫困标准，将相对贫困标准设定为（分城乡）居民中位收入的40%，并进行周期性调整

代表作者/年	研究对象	相对贫困定义	相对贫困标准
王小林、冯贺霞（2020）	城乡居民	多维相对贫困包括经济维度，社会发展维度以及生态环境维度	在经济维度，需要考虑收入和就业两个方面；在社会发展维度，需要考虑教育、健康、社会保障、信息获得等方面；而新发展理念以及生态补偿脱贫实践经验要求把生态环境纳入多维贫困框架中

从单一贫困到多维贫困。英国学者 Rowntree（1901）通过对约克郡工人的家庭生计进行深入调查研究，提出了收入贫困概念的定义，并在其著作《贫困：城镇生活研究》中针对收入贫困进行了较为清楚的界定。当一个家庭收入状况极差或者难以为家庭成员的生活需求支付必要开支时，便可以将这类家庭认定为处于收入贫困之中（陈健生，2008）。Rowntree 首先对收入贫困的界定和如何基于收入状况设立贫困线提出了较为初步的观点，此后学术界开始就不同的学科研究背景对收入贫困做了进一步扩展，并延续至今。收入贫困概念定义及标准相关文献整理成表 2-2。

表 2-2　收入贫困概念定义及标准

代表作者/年	研究对象	相对贫困定义	相对贫困标准
张雪梅等（2011）	妇女	贫困是收入不能满足家庭生活最基本需求的一种状况	——
廖娟（2015）	残疾人	人均年收入低于国家贫困线	折算后 1.25 美元下贫困线相当于 1997 元/人年
冯贺霞、王小林（2015）	居民/个体	收入贫困线能够很好地理解经济与货币之间的关系	2010 年不变价农民人均纯收入 2300 元

续表

代表作者/年	研究对象	相对贫困定义	相对贫困标准
朱晓、范文婷（2017）	老年人	经济收入低下	（1）1.9 美元/天/人；（2）3.1 美元/天/人；（3）国内低保线
张昭等（2017）	农村家庭	"收入导向型"多维贫困更多地关注那些已经在收入维度存在剥夺的个体所具有的多维特征	家庭人均纯收入经价格指数调整后低于 2300 元（2010 年不变价格）
李宝山（2018）	贫困人口	一定区域的人们生活水平、享受教育医疗条件、政治参与和交往权利的最低标准经济支出	收入贫困线和支出贫困线分别设定在样本收入与支出中位数的 60%处
贺坤、周云波（2018）	农民工	人均年收入低于国家贫困线	根据物价指数、生活指数等动态调整后公布的 2014 年农村贫困标准（2800 元/人/年）
李振宇等（2018）	农村家庭	教育程度较低，不能参加高收入工作	贫困标准是按 2010 年不变价计算的农村人均年纯收入 2300 元

　　学界对收入贫困的概念定义始终未脱离 Rowntree（1901）思想束缚，同时将收入贫困进一步分化为绝对贫困和相对贫困，其中较为经典的是 Reynolds 所定义的绝对贫困，即年收入的绝对水平，也就是一个家庭勉强维持最基本的生活的收入水平，绝对贫困的概念也由此出现。而后，Alcock 在其著作《认识贫困》一书中也对绝对贫困进行了定义，强调绝对贫困的客观性，因为一旦个体或家庭陷入绝对贫困，意味着其无法维持基本生活水平和缺乏延续生活的必需品，面临艰难的境地。世界银行也围绕收入对相对贫困的概念进行了定义，将其界定为某个个体或家庭的收入与某个地区平均收入的比较。一般而言，相对贫困线设定为地区平均收入的一半或者是百分之四十，同时也会随地区年收入的差异而有所不同。相对贫困的概念具有主观性、

变化性，隐含着贫富差异。相对贫困概念的主观性意味着其会依据社会价值导向不同而存在差异，其变化性意味着相对贫困的划定标准会根据国家或地区经济发展阶段、个体收入水平以及区域平均收入水平而变化，其贫富差异的特性则意味着相对贫困涉及社会平等问题，当一个国家或地区存在相对贫困问题时，即表明社会成员间的收入分配存在不公平或者贫富差距过大。

上述贫困界定均以收入为度量标准，属于单一贫困的讨论范畴。杰拉尔德·迈耶等在其著作《发展经济学前沿：未来展望》中提出贫困思想转变的概念，其指出人们对贫困群体的认知在不断随着贫困人口出现的新问题而发生转变，其主要的观点在于贫困的概念界定不再如传统观念中以收入多寡作为衡量标准那样，而是将衡量标准的范畴拓展到生活多个方面，比如寿命长短、健康状况以及记忆能力等方面。此后，贫困的概念内涵逐渐向经济脆弱性程度、承担风险的能力强弱和发言权等自身权利是否被剥夺等多维度延伸。后期，学者开始逐渐察觉到教育、医疗、基础设施建设等因素在衡量贫困中的重要性，因而对贫困概念的定义逐渐向多维贫困层面转变。多维贫困的概念最早由诺贝尔经济学奖得主阿玛蒂亚·森提出（Sen，1979）。他将贫困定义为可行能力剥夺，认为人类发展应该具备可行能力，而可行能力指的是个体拥有的、能够享受自己有理由珍视的那种生活的实质自由（Sen，1983、1985、1989、1990、1992、1993、1999；UNDP，1990、2004；阿玛蒂亚·森，2002），其实现途径包括具备经济条件、社会机会、透明性保证、防护性保障等工具性自由，只有具备可行能力，才能够帮助人类消除贫困，最终实现发展。基于阿玛蒂亚·森的可行能力贫困理论，联合国开发计划署分别于1990年、1997年发布了用于衡量各国多维贫困程度的 HDI 指数和 HPI 指数（雷诺兹，1986；UNDP，1990；UNDP，1997）。与此同时，不少学者也开始关注多维贫困。牛津大学贫困与人类发展研究中心的研究团队在对贫困缺失维度进行系统和深入的研究后，提出了5个对贫困人口可行能力提升具有重要作用的贫困缺失维度（萨比娜·阿尔基尔等，2010）。在此基础上，UNDP 在2010年发布了多维贫困指数（MPI）。由此，基于多维视角探讨贫困的研究范式日趋成熟，其重点关注如何改善机会差距，实现可持续增长，为人类发展勾勒出美好奋斗的蓝图。

第二节　相对贫困成因及治理机制

一、相对贫困成因

学术界对于相对贫困成因的研究主要集中在制度、资本、自然环境等方面。

阿马蒂亚·森在其著作《贫困与饥荒》中第一次采用权利方法来揭示贫困产生的原因（阿马蒂亚·森，2001）。他认为正是由于权利体制的不合理才造成了贫困和饥荒，而后又提出能力贫困理论和多维贫困理论。联合国发展署也主张贫困不只是单一的收入不足的问题，贫困的本质是缺乏人类发展所需的机会和选择权利，而发展机会和选择权利才是决定人们能否过上长期、健康和有创造性的生活，享受自由、自尊和他人尊重的体面生活的关键因素（张琦等，2020）。相对贫困不仅与贫困群体自身的客观条件有关，还与一系列社会制度安排相关，是一种制度性贫困（同春芬、张浩，2015）。由于存在不公平的权力分配法则，使得在权力分配过程中某些群体难以获得同等的权利，落入相对贫困的陷阱（周仲高、柏萍，2014）。与此同时，"马太效应"进一步加剧了部分群体的相对贫困程度（霍艳丽、童正容，2005）。对于处于转型阶段的社会而言，导致贫困的制度与教育、消费、投资等因素互相作用，形成某种具有循环累积性质的联动机制，使得部分群体在缺乏能力和权利的状态下陷入制度性贫困。此外，在社会转型过程中，原有产业和就业结构发生变化，引发生产方式和生活方式的变革，造成原本适应于传统社会的人们无法及时调整，难以适应于转型过程中的社会以及转型后的社会，从而使得这类人群演变为马克思意义上的绝对贫困者和相对贫困者（赵玉亮、邓宏图，2009）。中国农村贫困的重要原因在于制度创新不足和有效制度滞后（刘明宇、黄少安，2004；靳涛，2004；刘明宇，2007）。一方面，在土地产权不归农民所有的制度下，劳动力是农民的最大资产，因而要解决农村贫困和农民发展不平衡问题,必须提升农民的可行能力,并通过制度来保障其享有平等的发展权利。另一方面,城乡二元分割制度是造成农民普遍性的教育贫困、人力资源缺乏以及健康贫困的源头,因此必须着力改变不公平的发展制度,借助有效且公平的制度的实施重建农民保障,增强农民能力,以此实现农村贫困问题终结(杨颖,2012)。

"贫困恶性循环"理论将造成贫困的原因归于资本形成不足。缪尔达尔的"循环累积因果"理论也将资本缺乏视为贫困群体难以脱离贫困陷阱的重要原因(尤亮等,2018)。可见,资本积累对于农户减贫具有重要意义。其中,社会资本积累是减缓贫困的重要因素(叶初升、罗连发,2011)。Lin(2001)基于理论分析考察了社会资本不平等对收入不平等的影响机制。他指出资本欠缺和回报欠缺是导致收入不平等的两个主要机制。这两个机制所传达的理念与相对剥夺概念相通,而相对贫困也是基于相对剥夺理论提出的,并由Runciman(1966)将相对剥夺概念应用于贫困分析中。社会资本不平等会造成相对剥夺,进而加剧收入差距,使相对贫困程度进一步恶化。其中,第一个机制是资本欠缺。由于机会和投资的差异造成不同群体间所获得的资本数量和质量不同,这一机制实际上表明了不同收入群体间的社会资本分布。但是仅从理论上分析,还难以对贫困人口是否具有优势进行判断。一方面,由于贫困人口的时间机会成本低于富人,因此对于时间密集型社会资本而言,贫困人口可能具有比较优势(Collier,2002)。但另一方面,社会资本受人力资本影响,两者存在正相关关系(Coleman,1988;Gradstein and Justman,2000),特别是对于社会信任和社会参与而言,教育具有积极的正向作用(Huang et al.,2009),而同时收入、财富对人力资本具有正向效应,因而,贫困人口拥有的社会资本一般会更少。Mogues和Carter(2005)也基于理论视角考察了收入不平等中社会资本不平等所发挥的影响。当正规市场处于不完全的条件下,血缘、亲缘、地缘、业缘等社会资本通常被当作是某种无形资产,起着担保的作用,社会资本的拥有者以此获得更多的发展机会,从而增加收入。因而,当初始阶段中经济和财富呈现两极分化和不平等时,收入不平等状况会随着社会资本不平等而进一步加剧。第二个机制是回报欠缺。这一机制表明当群体成员间对于行动努力、制度以及动员策略等的反应存在差异时，会导致群体成员间的社会资本回报率显著不同。一般而言，社会资本回报率在农民低收入群体更高，抑或是富人群体更高，取决于两个相反力量的比较。一方面，当社会资本被视为一种投入要素时，基于边际产出递减的规律，社会资本存量越多，社会资本的回报率会越低（Narayan and Pritchett，1999），因此相对于富人，如果贫困人口拥有更少的社会资本，那么贫困人口的社会资本回报率可能会更高。另一方面，基于 Lin 提出的，被学术界所广泛认可的三维标准对社会资本的达高性、异质性以及广泛性进行测量，会发现贫困人口缺少高质量的社会资本（Lin，2001），相较于富人，贫困人口能够获得和使用的社会资源更少（Lin，1999），因而对于贫困人口而言，其社会资本回报率也可能会普遍低于富人。

人力资本对贫困也具有重要影响（周文、冯文韬，2019），人力资本不平等是造成相对贫困的主要原因（Benjamin et al.，2000）。收入不平等中人力资本不平等所发挥的作用主要表现为城乡之间、城镇居民内部以及农村居民内部的收入差距持续增加（罗楚亮，2006；田新朝、张建武，2014）。个体收入和相对贫困程度主要受教育、健康水平等人力资本因素的影响（Behrman，1990；Loayza et al.，2010）。区域间居民的收入分配和收入差距的变化会不同程度地受人力资本因素的影响，如教育等。教育不平等程度增加会进一步扩大收入不平等（白雪梅，2004）。贫困人口面临的困境中，教育贫困占据着重要部分（邹薇、方迎风，2011）。相反地，人力资本积累增加能够显著减缓贫困（王秀芝、易婷，2017）。其中，生理健康状况对于就业机会获取，特别是对于低收入群体能否顺利获取劳动密集型产业的工作机会具有关键影响。相对贫困发生率与农户的身体健康水平存在负向关系，身体健康水平越高，农户处于相对贫困状态的可能性越小（曾晨晨，2010）。一般而言，生活水平的改善与高质量的教育、医疗直接相关，教育和医疗水平的提升能够使贫困人群有效地摆脱贫困，获取更高的收入以及更好的发展机会（林闽钢，2020）。人力资本增加最终会促进贫困群体提升参与市场的能力，使其收入和机会增加的同时，最大限度地减少贫困发生风险。因而，在相对贫困治理和乡村振兴阶段，应强化对贫困群体自我发展能力的提升，借助教育和医疗服务均等化等方式增强其人力资本积累，以此来帮助贫困群体缓解相对贫困。

此外，农村贫困人口分布以空间聚集为主要特征，其持续性贫困的根源也与自然环境密切相关，表现为自然资源禀赋匮乏、生态环境脆弱以及地理条件不佳等（Reardon and Vosti，1995；Liu et al.，2017）。空间经济学家哈里斯与缪尔达尔最早于 20 世纪 50 年代基于自然环境视角探索贫困问题，其指出地区性贫困与自然地理环境具有一定关系（黄国勇等，2014）。贫困群体呈现空间聚集性分布主要源于自然地理环境恶劣，而陷入空间贫困陷阱（Jalan and Ravallion，2001）。自然环境约束和生产力水平低下导致当地居民财富积累缓慢，进而衍生出贫困。为了寻求发展，当地居民对自然资源进一步开采，加剧自然环境恶化程度，形成贫困与自然环境破坏的恶性循环（朱昌丽等，2019）。并且，自然环境恶劣也是造成县域家庭贫困的主要原因。因此，政府在制定减贫政策时，应充分考虑当地实际自然环境，积极利用现有的县域资源，降低当地居民的贫困程度（曲玮等，2012）。

二、相对贫困治理机制

决战决胜脱贫攻坚战后，中国扶贫的工作重心转向了缓解相对贫困。与以往消除绝对贫困不同的是，相对贫困问题具有长期性（李小云、许汉泽，2018）。因而缓解相对贫困，需构建长效的脱贫机制。2020 年《关于抓好"三农"领域重点工作确保如期实现全面小康的意见》中明确要求构建缓解相对贫困的长效机制。学术界对此进行了深入研究，主张基于现实发展状况，分阶段逐步实行相对贫困缓解策略。其中，罗必良（2020）提出应遵循多维贫困的治理逻辑，制定"三支柱"的治理策略，并构建"机会—能力—保障"的相对贫困长效治理框架。白永秀（2020）同时也主张基于现阶段实际状况，构建缓解相对贫困的六大长效机制，分别是动态识别机制、兜底保障机制、代际阻断机制、收入分配机制、就业提升机制以及联动协作机制。此外，应在总结和吸收绝对贫困缓解的经验成果的基础上，建立以政府为主导，以市场促进和社会共同参与为依托，充分激发相对贫困主体的内生动力的机制，即政府、市场、社会以及贫困主体共同协作的相对贫困治理机制。新中国建立 70 年来的减贫历程及其经验也表明，扶贫理念应从消除绝对贫困向消除相对贫困转变，构建动态脱贫机制；推进扶贫政策与农村发展政策融合；

建立口径一致扶贫大数据管理平台；扶贫主体从政府主导向多元参与转变，发挥各类主体作用（唐超等，2019）。

首先，应构建相对贫困的动态识别机制，为相对贫困治理工作开展奠定行动基础。考虑到现阶段中国还尚未正式公布相对贫困的识别标准，因而，应将相对贫困人口精准识别标准的确立作为解决相对贫困问题的第一步，在此基础上明确相对贫困人口规模，为进一步缓解相对贫困提供前提和条件（李斌，2020）。但与以往的绝对贫困不同的是，相对贫困的分布范围更为广泛，同时更加具有隐蔽性和复杂性，相对而言更难以准确识别。因此，构建相对贫困人口的动态识别机制时，应参考以往绝对贫困的相关资料数据，做好与绝对贫困工作的有效衔接，才能顺利实现贫困治理工作的过渡（白永秀等，2020）。

其次，应充分发挥市场在经济发展中的决定性作用，促进经济益贫性增长，为缓解相对贫困提供物质基础（张永丽、徐腊梅，2019）。经济的高质量发展始终是有效治理贫困的前提和基础。经济发展能力上升后，贫困群体将拥有更好的发展环境和更多的就业机会，从而促进贫困群体就业质量提高，激发其内在发展动力，根本上缓解相对贫困。因此，在相对贫困治理阶段，尤其需要注意经济增长的益贫性和包容性，防止经济增长不均衡造成的相对贫困程度上升。此外，应将社会制度的优越性体现在相对贫困治理工作中，通过社会制度的进一步完善，减少相对贫困缓解的制度性约束（汪三贵、曾小溪，2018）。在遵循公平和正义的基础上，帮助个体实现自由和全面发展是相对贫困缓解的重要议题（张琦等，2020），而这往往需要政府制定公平的社会制度，为社会主体特别是相对贫困群体提供平等获得资源的机会和途径，减轻相对贫困群体的心理落差，并鼓励其借助公平的社会制度来缓解相对贫困（霍艳丽等，2005）。吕方（2020）提出"三力模型"，即减贫干预的回应力、市场经济的益贫力和社会力量的参与力来构建相对贫困长效治理机制。因此，为实现政府、市场和社会的协同减贫效果，还应将社会服务纳入考虑范畴。

最后，应注重提升城乡基本公共服务的均等化水平，促进相对贫困人口的人力资本增加。贫困人口减轻自然资源禀赋约束和阻隔贫困代际传递的重要途径是提升其人力资本水平（张永丽，2017）。因而，相对贫困治理也应从增加贫困人口的人力资本入手，促进社会扶贫力量广泛参与，集中社会扶贫资源，创新基本公共服务提供方式，构建针对城乡相对贫困家庭的社会服务体系，形成社会化减贫格局（李斌，2020）。此外，应有效整合优质教育资源和医疗资源，加大教育资源和医疗资源向贫困人口倾斜的力度，保障城乡教育、医疗的均衡发展，并且将教育质量提升列为农村教育的重点工作。一方面，应充分发挥技能培训作用，以贫困人口的自我发展能力提升为目标，构建和完善政府、企业、集体以及贫困人口共同参与的培训体系（罗明忠等，2020）。另一方面，针对健康等人力资本并结合农村地区因病致贫的现实状况，应重点加强农村人口在疾病预防、医疗保健等方面的工作，增加关于体检和健康知识的宣传力度，进而使农村人口的健康状况从根本上得到提升（张永丽等，2019）。因而，社会公共服务是促进城乡差距缩小、提升贫困人口自身发展能力，进而缓解相对贫困的核心和重点。

第三节　农业社会化服务与农户相对贫困

现有农机社会化服务与农户相对贫困的研究较为缺乏，相关研究集中在农业社会化服务对农户收入的影响、农业社会化服务对农户贫困的缓解效应等方面。

一、农业社会化服务与农户收入

农机社会化服务是农业社会化服务的重要组成部分。农机社会化服务对农户家庭收入具有显著正向影响（陈进等，2017；翁贞林、徐俊丽，2019）。其原因在于，一方面，农机服务对劳动投入的替代效果明显（刘成等，2019），使农户在满足农业生产的同时，能够有空余时间，从事一定的非农生产活动，以获取更高的家庭总收入（王全忠等，2015）；另一方面，农机社会化服务具有专业化、规模化和集约化特性，能够降低农机使用成本和风险

（宋海英、姜长云，2015；郑宏运等，2018；王家忠，2018），并提高农产品产量（Yang et al.，2013；周振等，2016；解淑林，2018；虞松波等，2019），进而实现农户增收（蔡键、刘文勇，2019）。伴随土地流转制度日渐完善，中国农村内部的农机社会化服务市场已广泛出现（杨进，2018），农机社会化服务的跨区作业服务使得小农户能够在土地细碎化约束条件下进行机械化生产（Yang et al.，2013），并进一步对农户收入产生影响。

另外，一些研究集中探讨了农业生产性服务的增收效应（邱海兰、唐超，2019）。主要集中在以下几个方面：

一是农业生产性服务对农户增收效应研究。农业和服务业相互融合，形成农业生产性服务业的产业形态，进一步扩展了现代服务领域，实现了农业从传统向现代的转变，为构建新型工农关系提供了纽带（兰晓红，2015）。农业生产性服务是促进农民增收的重要手段（郝爱民，2011；刘明辉等，2019），通过将更多的知识技术渗入到农业生产过程，以此来增加农产品的附加值，进而使农民的农业收入得到有效增加（郝爱民，2015）。借助农业社会化服务的模式创新，农民合作社、农业龙头企业等新型农业经营主体显著地促进了农民收入水平上升（穆娜娜等，2016）。尤其在现阶段，农业产业面临着劳动力转移和生产成本上升的现实背景，农业生产性服务成为家庭承包经营制度下有效提升农民收入的可行路径之一（钟甫宁，2016）。与此同时，农业生产性服务作为小农户与现代农业有机衔接的桥梁，在农民增收中发挥着重要作用（姜长云，2016；冀名峰，2018；李颖慧、李敬，2019）。一般而言，农业生产性服务对于种植规模大、受教育程度高以及有本地蔬菜品牌的农户的增收效果更明显，但对于年龄较大的农户，其增收效果不明显（陈宏伟、穆月英，2019）。

二是农业生产性服务促进农户增收的异质性分析。尽管农业生产性服务在农户增收中发挥了重要作用，但其作用效果会依据农作物种类不同而具有异质性。特别地，农业生产性服务对水稻生产的增收作用更明显。同时，农业生产性服务的增收效果会依据农业生产性服务项目的不同而具有差异性，其中，灌溉排水服务、农机服务和病虫害统防统治服务能够显著促进农民增收，相反地，生产资料统购服务和种植规划服务的增收作用不显著（王玉斌、李乾，2019）。

三是农业生产性服务缩小农户收入差距效应分析。农业生产性服务对收入差距具有显著负向影响，有利于缩小收入差距（鲁钊阳，2013）。一方面，农业生产性服务对本地区城乡居民收入差距具有显著负向影响，同时农业生产性服务也对周边地区居民收入差距具有空间溢出效应。另一方面，在城镇化水平不断提升的背景下，农业生产性服务对城乡居民收入差距的作用逐渐从促进转为抑制，并且其抑制作用越发明显（张荐华、高军，2019）。

二、农业社会化服务与农户贫困

对于贫困地区农民而言，构建完善的社会化服务体系是减缓其贫困的有效措施之一。除去自然环境、历史等客观因素，造成农村地区性贫困的重要原因是落后的小农意识以及由此产生的封闭性，而农业社会化服务能够有效破除这一封闭性，进而帮助农民顺利脱贫（张志军，1992）。

首先，农业信息服务通过将科技兴农的意识灌输给农民，逐渐改变了传统的农业生产生活方式，将农民从"勤劳苦做"引向"科学致富"的道路（赵立华、王兴录，2003）。同时，农业科技服务对农户缓解贫困也具有显著影响（贾素云、颜南，2017），被视为促进贫困地区生产效率提升以及贫困发生率降低的重要因素（陈光燕等，2015）。农业科技服务会通过多种机制对农村贫困产生影响，包括提升农业生产力、增加非农就业机会以及农业产出、降低农作物价格等。农业科技服务减贫作用的发挥不仅取决于农业科研部门的努力，同时也取决于农户对农业科技服务的了解水平。因此，要充分发挥农业科技服务减贫的作用，其关键不仅在于构建完善的农业科技服务体系，而且在于向贫困地区农户进行有效的服务推广，不断增加农户的农业科技知识，提升农户素质，从而实现生产力的有效提高（胡熳华、王东阳，2004）。

其次，农业生产资金不足、融资难度大一直是制约农户从事现代农业生产的关键瓶颈，阻碍了农户脱贫致富的步伐，而农业信贷服务能够有效解决农户再生产资金不足的问题，进而促进农户收入增长（陈晶，2015）。其中，农村普惠金融服务是提高农户金融服务可得性和覆盖面的重要途径，能够有效减少贫困（郑中华、特日文，2014）。农村普惠金融服务的减贫功能已经被广泛认可（吕勇斌、赵培培，2014）。对于低收入农户而言，在获得金融贷款后，会显著增加对于食物等生活必需品的消费，而这正是绝对贫困减缓的表现（武丽娟、徐璋勇，2016）。但金融服务对农户减贫的效果在地区间存在异质性。其中，对于东部地区而言，普惠金融服务显著促进了经济增长，使绝对贫困水平和相对贫困水平均得到有效降低；对于中部地区而言，普惠金融服务对经济增长的影响较小，但会缓解绝对贫困和相对贫困；对于西部地区而言，普惠金融服务能够降低绝对贫困水平，但不利于相对贫困缓解并阻碍了经济增长（武丽娟、徐璋勇，2018）。

第四节　文献评述

总体而言，已有文献对相对贫困概念、成因以及治理机制进行了大量研究，为本研究奠定了坚实基础。但既往研究尚存在以下拓展空间：一是关于相对贫困问题的实证研究不多，研究多集中在理论探讨和典型案例总结上，难以测度相对贫困治理的实际效果；二是对相对贫困的识别多以收入为单一指标，更多反映的是经济水平上的相对贫困，未考虑农户在透明性保证、防护性保障以及社会机会等多维能力上的差异，不利于全面科学衡量农户的相对贫困水平；三是缺乏对于农机社会化服务这一重要因素的考量。已有研究主要关注农机社会化服务对农户收入的影响，较少涉及相对贫困问题。基于分工理论可知，分工不仅能够提升生产效率，增加农户收入，同时能够提高专业化和多样化水平，弥补其能力不足，而农机社会化服务作为农业分工的重要表现之一，会对相对贫困产生影响。因而，有必要进一步探究农机社会化服务采纳对农户相对贫困的作用及其机理。

鉴于此，本研究遵循"分工深化—农机社会化服务采纳—农户相对贫困缓解"的基本逻辑思路，从经济和多维两类视角衡量农户相对贫困状况，基于分工理论和贫困治理理论，厘清农机社会化服务采纳对不同维度农户相对贫困的影响机理，采用课题组在河南省组织开展的 2750 份农户问卷调查数据，运用 Logit 模型和中介效应模型等实证检验农机社会化服务采纳对不同维度农户相对贫困的影响及其机制，以期为农户相对贫困治理提供理论参考。

第五节　本章小结

本章对现有的贫困研究和农业社会化服务影响农户相对贫困的研究进行了梳理总结，包括贫困认知演化、相对贫困成因及治理机制、农业社会化服务与农户相对贫困 3 个部分。在此基础上，发现已有研究对于农机社会化服务影响农户相对贫困的关注较少，而主要集中在农机社会化服务影响农户收入方面，从而突出本研究的努力方向和可能取得突破的空间。本研究重点讨论农机社会化服务采纳影响农户相对贫困的内在机理和理论逻辑，探讨农机社会化服务采纳对不同维度的农户相对贫困的影响及其机理，并通过实证检验的方式予以验证，同时考察农机社会化服务采纳对农户相对贫困的异质性影响以及进一步讨论农机社会化服务采纳程度和服务供给主体对农户相对贫困的影响，从而刻画出农机社会化服务采纳的减贫效应。

第三章

农机社会化服务采纳对农户相对贫困
缓解效应的理论分析

第一节　城乡比较视角下农户经济相对贫困
缓解效应理论分析

　　分工演进被视为决定经济长期增长的关键因素。著名的"斯密猜想"揭示了农业生产力低下的原因在于农业难以采用完全分工制度。农业分工抑制是导致农业发展滞后和城乡二元经济结构对立的根本原因（高帆，2009），表现为农业生产效率低下和农户增收相对滞后。因而，破解农户增收乏力、农户经济相对贫困困境的出路在于推动农业分工演进。随着技术进步和社会经济环境变革，农业分工空间被进一步拓宽。从动态演进的角度看，农业通过购买机器从工业"进口"分工经济和迂回生产效果，促使专业化分工的空间与贸易半径大大延伸（胡新艳等，2015），由此产生农机社会化服务，实现生产效率改进（Shi and Yang，1995）。农机社会化服务本质属于社会分工范畴（蔡键、刘文勇，2017）。分工深化使得农业部分功能被分离出去，并由专业化服务组织或个人完成（Alesina and Rodrik，1994），形成社会化服务网络。

　　与现代部门相比，农业分工演进滞后体现在个人专业化水平、迂回生产程度和中间产品使用程度相对较低。而农机社会化服务采纳通过提高个人专业化水平、迂回生产程度以及中间产品使用程度，实现了农业分工演进。农户通过采纳农机社会化服务，进一步加剧了家庭内部分工程度，使得农户的个人专业化水平进一步提升，并且随着农机社会化服务的引入，农业生产的迂回度不断提升，中间产品种类数也在增加，促进了农业生产效率提升和农户增收。与此同时，农机社会化服务的劳动力替代效应，能够有效减轻家庭劳动力数量和质量约束，使得农户能够兼顾农业经营性收入和工资性收入，缓解农户经济相对贫困。

一、农机社会化服务采纳、农业生产效率与农户经济相对贫困

农机社会化服务采纳通过提升农业生产效率，进而增加农户农业经营性收入，缓解农户经济相对贫困。首先，农机社会化服务有效替代了劳动力投入，农户个人专业化水平得以提升。在农机社会化服务可获得的条件下，农户会筛选出自身具有比较优势的生产环节，而将其余弱势环节进行外包，减少其在不同生产环节之间转换所耗费的时间和精力（李颖慧、李敬，2019），提升农业生产效率，增加农业经营性收入。其次，农机社会化服务的引入加速了农业劳动力的生产职能和经营职能分化，进一步提升了农户个人专业化水平。农户开始从生产经营者逐渐转向经营者。农户集中于较少职能或操作上，增进了其劳动的熟练程度，即亚当·斯密的"技巧因业专而日进"，减少了职能或操作转换而损失的收益，节约了重复培训和学习的费用，缩小了信息处理领域，进而改善个人的管理和创新能力，促进农业生产效率提升和农业经营性收入增长。最后，相较于雇工劳动，农机社会化服务显著降低了生产成本，促使农户经营意愿提升，并成为新型经营主体（郑宏运等，2018），提高自我雇佣能力（Ayyagari et al., 2013），实现专业化生产，进而增加经营性收入，缓解农户经济相对贫困。

同时，农机社会化服务的引入增加了农业生产环节的迂回度，使农户获得分工经济收益，从而提升农业生产效率，促进其农业经营性收入提高，缓解农户经济相对贫困。原先由农户手动完成的作业环节，开始加入农业机械的元素，并逐渐依赖于农机社会化组织或个人进行操作。农机社会化服务组织或个人能够准确把握最佳作业时间和频率，在节约生产成本的同时提升产品品质，改善生产要素利用效率（王志刚等，2011），进而增加农户农业经营性收入。粮食生产具有生物学特征，时令性强。如果错失粮食生长的关键时

点或者匹配低质量的劳动，均会对粮食产量和质量产生负面影响，而农机社会化服务能确保粮食生产作业高效、高质完成。其中，整地服务在处理杂草根茎的同时，能够实现土地深松，而土地深松有助于改善土壤的通透性，协调固、液、气比例，从而利于作物生产，具有增产的效果（王慧贤，2014）。相较于人工，机械播种更加均匀，更有益于作物生长。专业服务组织提供的病虫害防治机械服务，其效果也高于人工（胡祎、张正河，2018）。收割服务可有效减少脱粒多环节分离带来的产量损耗，同时能够避免天气导致的无法及时抢收的损失（刘超等，2018）。在粮食产品价格既定的情形下，粮食产量提高意味着农业生产经营性收入增加。

二、农机社会化服务采纳、劳动力配置效率与农户经济相对贫困

农机社会化服务采纳通过提升劳动力配置效率，促进农户工资性收入增加，从而缓解农户经济相对贫困。农机社会化服务引入后，农户家庭内部分工进一步深化，个人专业化水平明显提升，实现了劳动力的合理配置（董欢，2016；王留鑫、何炼成，2017）。农机社会化服务加速了劳动力在农业和非农产业间的分化，提高其专业化程度的同时，使农户获得工资性收入增长。一方面，农机社会化服务引入的过程是资本替代劳动的过程，即不断排斥劳动力的过程。家庭剩余劳动力在这一过程中得到进一步释放，逐渐向非农领域流动，增加工资性收入。另一方面，农业生产的季节性特征，束缚了农村劳动力流动（王玉斌、李乾，2019），而农机社会化服务将劳动力从土地中解放出来，为其稳定参与非农就业提供了基础保障。对于一部分非农就业者而言，"农闲务工、农忙务农"的状态得以改变，减少了职业选择顾虑以及转换成本，从而降低了工资收入受损的概率，促进收入增加。并且，非农就业的稳定性增加，使得农户专业化水平得到提升，提高了农户福利待遇，表现为非农工作时间由短期向长期转变，避免了农户因短期工身份而遭遇的"福利歧视"（谌新民、袁建海，2012；陈技伟等，2016；陈技伟等，2017），增加了工资性收入，进而缩小城乡收入差距。

同时，农机社会化服务采纳通过增加生产迂回度，延伸农业产业链，为劳动力的农内就业创造可能，进而增加农户工资性收入，缓解农户经济相对

贫困。农户对农机社会化服务的需求相互聚合，促使农机社会化服务体系逐渐完善，农业生产迂回度不断提高，产品的价值链也因此延长，新的中间产品部门相继出现，对劳动力的需求日益增加，农户农内就业的可能性得以提高。农机社会化服务强化了农业产前、产中以及产后的联结，促使具有"纵向关联"性质的中间环节增加，为农户进入农内产业开辟了空间。一方面，农机社会化服务促进了农业产业发展，使一部分新型产业从传统产业中分离出来，并与其他产业进行融合，创造了新的就业岗位，为农户农内就业提供了基础。同时，农机社会化服务促进了传统产业的转型升级，扩大了其经营规模，增加了就业岗位，进而带动农户工资性收入增长。另一方面，农机社会化服务使得农业生产的可分性进一步增加，特定农产品在生产过程中的职能和操作得以进一步细分，为不同工序与区段发生纵向分离提供可能。在这一过程中，农户凭借其自身的生产经验和知识技能，顺利实现农内就业，获得工资性报酬增长。

三、农机社会化服务采纳、要素交易效率与农户经济相对贫困

农机社会化服务采纳通过提升要素交易效率，促进农户农业经营性收入增加，进而缓解农户经济相对贫困。一方面，随着农业分工的进一步深化，农机社会化服务模式得到有效创新。如"互联网+"的农机社会化服务模式实现了农机服务信息的及时有效分享，降低了农户搜寻、信息、谈判以及决策成本，显著改善了农机交易效率，使农户能够以较低的成本获得农业机械这一生产要素，增加农业经营性收入。另一方面，农机社会化服务促进了具有"横向关联"性质的中间产品密集使用，带动其他生产要素进行匹配投资，如良种、化肥等物质型要素以及农业技术、知识、信息等知识型要素，以最大化农业收入。龙头企业、农机专业合作社、家庭农场等农机社会化服务组织的产生，使农户家庭经营内嵌于社会化分工，其生产函数由传统土地要素单一表达向多元化、异质性的现代要素联合表达演变，促进农业生产环节的前向联结与后向联结，降低了要素交易成本（姜松等，2016），增加了农业经营性收入。一些农业企业等农机服务组织在向农户提供农机社会化服务的同时，会附带种子、化肥以及农药等其他生产要素供给，并积极向农户传输农业技

术、信息等，实现要素交易的一体化，有效节约要素交易成本，增加农户农业经营性收入。

第二节　农村内部比较视角下农户经济相对贫困缓解效应理论分析

农村居民间的禀赋差异是影响农村居民收入差距的主要因素（黄祖辉等，2005），表现为农户间工资性收入和家庭经营性收入差距较大（Zhu and Luo，2010；于乐荣、李小云，2013）。农户劳动力禀赋、土地禀赋以及技术禀赋差异是收入不平等的主要来源（刑鹂等，2008；赵亮、张世伟，2011；孙敬水、于思源，2014）。而农机社会化服务采纳通过缩小农户间劳动力禀赋、土地禀赋以及技术禀赋差异，降低农村收入不平等，进而缓解农村内部比较视角下农户经济相对贫困。

一、农机社会化服务采纳、劳动力禀赋差异与农户经济相对贫困

农机社会化服务采纳通过缩小劳动力禀赋差异，减少农户间农业经营性收入和工资性收入差距，进而缓解农户经济相对贫困。传统农业耕作主要依赖于土地和劳动力投入，因而农户间的劳动力数量和质量差异会对农业生产效率产生影响，最终表现为农业经营性收入差距。农业分工深化逐渐冲击着原有的小农自给生产模式，并演化为现代农业的内核。农机社会化服务改变了传统以家庭劳动力耕作为基础的生产方式，通过替代劳动力参与，降低了劳动力禀赋差异对农业收入的影响。农户家庭劳动力数量和质量（包括农户个体体力和文化等因素）对农业生产的约束逐步松弛（胡雪枝，2013）。换言之，农业生产的个体属性减弱，而集体属性（或社会属性）不断强化（祝华军等，2018）。农机社会化服务可以有效弥补家庭农业劳动力数量短缺、质量下降和技能不足（张丽、李容，2020）。可见，引入农机社会化服务这一迂回生产方式后，差异化的农业劳动逐渐由标准化的农业机械所替代，有助于缩

小农户间劳动力禀赋差异，进而降低其农业经营性收入和工资性收入差距，缓解农户经济相对贫困。

具体而言，首先，与非老龄化和妇女化的农户家庭相比，老龄化、妇女化的农户家庭由于劳动力数量和质量欠佳，其农业收益可能更低。而农机社会化服务实现了对家庭劳动力的有效替代，弥补了老龄化、妇女化的农户在体能上的不足，使得这类家庭的农业生产效率未受负向影响（彭代彦、文乐，2016；李俊鹏等，2018；彭柳林等，2019），避免了农业经营性收入损失，从而缓解了农村内部收入不平等。

其次，健康水平差异也会造成农户间收入差距扩大。一部分健康水平低下的农户，由于自身体能不足，难以从事农业生产，从而无法获得农业经营性收入，进一步恶化其收入不平等状况。而农机社会化服务的引入弥补了健康状况低下的农户与其他农户间的体能差距，使其能够顺利进行农业生产，保障其获取农业经营性收入，进而缓解农户经济相对贫困。

再次，农户间的劳动力文化程度、经验积累等差异，会导致农业经营性收入存在差距。随着农机社会化服务体系的进一步完善，农机社会化服务对劳动力的替代程度逐渐提高，并趋向于完全替代（如托管服务），使得劳动力文化程度、经验积累对农业生产的重要性显著下降，而且相同区域内农机社会化服务水平差别较小，因而由劳动力禀赋差异导致的农户间的农业经营性收入差距正逐渐随着农机社会化服务的引入而缩小。

最后，农机社会化服务采纳缩小劳动力禀赋差异，也会减少农户间的工资性收入差距。相比劳动力数量少的农户家庭，劳动力数量多的农户家庭受劳动力禀赋约束较小，能够更自由地进入非农市场，获得工资报酬，导致农户间收入差距拉大。而农机社会化服务减轻了劳动力数量约束，使劳动力数量少的农户家庭在兼顾农业经营性收入的同时，能够增加非农劳动时间，获得工资性收入增长的机会，提升自身收入水平，缩小与其他农户的收入差距，缓解农户经济相对贫困。

二、农机社会化服务采纳、土地禀赋差异与农户经济相对贫困

农机社会化服务采纳通过缩小土地禀赋差异，减少农户间农业经营性收

入差距,进而缓解农户经济相对贫困。农业生产特性决定了其对灌溉条件和交通运输条件的双重依赖。在缺乏现代水利设施和机耕路的前提下,距离水源和路边越近的土地具有更高的肥力和价值,其耕作成本和难度更低,而远离水源和路边的地块由于灌溉和交通便利性差,生产收益会降低。因而农户的地块禀赋之间存在较大差异,导致农业经营性收入差距较大。而农机社会化服务的采纳,可以弱化土地禀赋差异的负面影响。

首先,随着雇工成本的快速上涨,农机社会化服务的成本优势和便利性逐渐凸显。而农机社会化服务带来的潜在收益,会对农田基础设施形成“倒逼”机制,能够促进灌溉条件、机耕路等农田基本建设(刘相汝、李容,2020),缩小农户间的地块禀赋差异,进而减少农业经营性收入差距。

其次,土地经营规模差异也是导致农业经营性收入差距的主要因素。通常而言,土地经营规模越大,农业经营性收入越高。土地经营规模差异与农户自身的经营意愿、能力等有关,尽管农机社会化服务难以在较大程度上缩小土地经营规模带来的收入差距,但农机社会化服务能够减少粗放经营和土地抛荒现象,帮助小农户改善田间管理水平(陈宏伟、穆月英,2019),实现土地的专业化、集约化经营,在一定程度上减少了土地经营规模差异导致的收入差距。

最后,种植结构是导致农村内部收入不平等的关键因素(万广华等,2005)。种植结构会影响最终的农业收益。如果区域内的种植结构差异较大,则农户间的农业经营性收入将会存在明显差距。农机社会化服务会影响农户的种植结构选择,农机作业服务可获得性低的作物会由于劳动成本高而被放弃(Ji et al.,2017),使得区域内种植结构趋向一致。随着农机社会化服务模式进一步创新,农机跨区作业服务逐渐兴起。农机跨区作业服务具有空间溢出效应,会促进农业生产布局的连片化(张露、罗必良,2018),不仅使区域内的种植结构单一化,而且诱导了相邻区域种植结构趋同。农机社会化服务作为农业纵向分工的结果,促进了以连片种植为代表的横向分工。此外,在相对较为封闭的农村地区,农机社会化服务市场并不完善,本地的农机合作社等服务组织会联合起来,排挤外来的农机服务者,与农户形成稳定的服务关系。为保障盈利,农机合作社会缩减农机具,使得农机作业服务种类减少,变相地固定了农户种植结构（祝华军等，2018），缩小农业经营性收入差距。

三、农机社会化服务采纳、技术禀赋差异与农户经济相对贫困

农机社会化服务采纳通过缩小技术禀赋差异，减少农户间农业经营性收入差距，进而缓解农户经济相对贫困。农业机械具有土地规模性的要求，同时对于购买者存在一定的资金要求，特别是大型机械如联合收割机等，其资金要求较高。小农户由于土地经营规模较小和购买力不足，导致自购机械的可能性较低，由此可能造成与规模户间存在较大的技术禀赋差距，进而加剧农业经营性收入不平等。但是，农机社会化服务的引入，却使得小农户与规模农户有可能享受同等的技术服务，采用同等的生产技术，弥补两者间的技术禀赋差异。

首先，农机社会化服务的引入降低了小农户由于土地经营规模限制导致的技术禀赋差距。一般认为农机社会化服务能够突破农地经营规模小的约束（Olmstead，1975；Young et al.，2013；方师乐等，2017），使小规模农户获得农机技术红利，实现"耕者有其机"，缩小与规模户的技术差异，降低农业经营性收入不平等。特别地，农机跨区作业服务的产生、推广与成熟实现了区域间的技术外溢，使得小规模农户能够较为容易获取农业机械，推动了其在耕地细碎化的约束下进行机械化生产，获得农业经营性收入增长。

其次，农机社会化服务的引入降低了小农户由于购买力限制导致的技术禀赋差距。社会分工将农业机械的持有者与使用者分离，形成农机作业服务，从而分摊高昂的农机购置成本（蔡键、刘文勇，2017），使资金约束强、购买力弱的农户能够以较低的投入换取大马力机械作业，提升生产环节的技术含量，从而降低农业经营收入差距。

最后，农机社会化服务的引入使农户间种植技术趋同，缩小了其技术禀赋差距。农机社会化服务改变了中国机械化发展路径，通过农机社会化服务组织或个人提供农机服务成为小农户实现农机化的主流。对于小农户而言，其农业技术获取往往是被动且缺乏积极性的，而规模户通常能够积极主动地寻求新的农业技术，造成农户间的技术禀赋差异较大。农机社会化服务直接将先进技术嵌入生产过程，避开了直接技术推广的难题（胡祎、张正河，

2018），实现了种植技术的趋同。

第三节 农户多维相对贫困缓解效应理论分析

专业化与多样化是分工的两个侧面（段庆林，2002），其构建的分工网络具有"1+1>2"的整体经济效果，共同作用于相对贫困缓解。社会分工催生农机社会化服务，而农户通过采纳农机社会化服务，实现了社会分工向家庭分工的延伸，促进了家庭分工深化，表现为个体层面的就业专业化与家庭整体层面的就业多样化并存，进而促进了其效率提升和资本积累增加。另外，采纳农机社会化服务能够有效规避农业经营风险，降低风险冲击概率。

基于可行能力贫困理论可知，相对贫困具有多维性，主要表现为经济条件、社会机会、透明性保证和防护性保障等方面（阿马蒂亚·森，2002）。而农户的效率提升、资本积累增加和风险冲击降低有助于改善其经济条件，增强透明性保证和防护性保障，缓解相对贫困，并对阻碍贫困的代际传递具有积极作用。因为，一方面，经济条件改善后，农户能够增加子女教育投资，而教育投资是阻碍贫困代际传递的主要途径之一（林相森、李湉湉，2019）。另一方面，社会资本是缓解乃至阻断贫困代际传递的有效路径之一（焦克源、陈晨，2020）。可见，农机社会化服务采纳对农户多维相对贫困缓解具有深远影响。

一、农机社会化服务采纳、效率提升与农户多维相对贫困

农机社会化服务采纳通过促进效率提升，改善农户经济条件，进而缓解农户多维相对贫困。首先，农机社会化服务采纳能够促进农业生产效率提升，增加农户农业经营性收入。农机社会化服务引入后，农户仅专注于某些生产环节，其专业化程度进一步提高，农业生产效率得以提升；同时相比于人工作业，农机作业的效率更高，能够有效避免产量损耗，提升农业生产效率，进而增加农业经营性收入，改善农户经济条件。

其次,农机社会化服务采纳能够促进劳动生产效率提升,增加农户工资性收入。农机社会化服务的引入过程即替代劳动的过程,部分农业劳动力逐渐向非农产业转移,进一步优化了家庭劳动力配置,促进了农户工资性收入增加;同时农机社会化服务的需求聚合后,促使农机社会化服务供给体系进一步完善,强化农业产前、产中、产后的联结,延伸农业产业链,创造农业产业内的就业机会,而农户在这一过程中,依靠自身的经验和技能等,顺利实现就业,获得工资性收入,改善经济条件。

最后,农机社会化服务采纳能够促进要素交易效率提升,进而增加农户农业经营性收入。随着农机社会化服务模式的进一步完善,农机社会化服务组织在向农户提供农机服务的同时,会附带种子、化肥等生产要素的供给,并积极向农户传输农业技术、信息等,实现要素交易的一体化,促进要素交易效率提升,节约要素交易成本,进而增加农业经营性收入,改善农户经济条件。

二、农机社会化服务采纳、资本积累与农户多维相对贫困

农户采纳农机社会化服务能够有效增加人力资本积累和社会资本积累,进而改善经济条件,增强透明性保证和防护性保障,提高社会机会可获性,缓解农户多维相对贫困。农机社会化服务具有典型的纵向分工性质,促进了家庭劳动力分工深化,表现为个体层面的就业专业化与家庭整体层面的就业多样化并存,有效增加了农户人力资本和社会资本。个体层面的就业专业化促进了农户人力资本积累,而家庭整体层面的就业多样化则为农户社会资本积累奠定了基础。

(1)农机社会化服务采纳、人力资本积累与农户多维相对贫困。

人力资本积累对于个体能力发展具有重要作用,深刻影响着贫困(周文、冯文韬,2019)。人力资本是指存在于人体之中的具有经济价值的知识、技能和体力等因素之和,全面的人力资本应该包含健康、教育和工作经验等对生产活动有影响的系列因素(Schultz,1961;Becker,1966)。人力资本不平等是造成相对贫困的主要原因(Benjamin et al.,2000)。相反地,人力资本积累增加能够显著减缓贫困(王秀芝、易婷,2017)。

农机社会化服务采纳通过增加农户人力资本积累，进而缓解其相对贫困。首先，农机社会化服务采纳通过促进农户技能培训参与，缓解其多维相对贫困。随着农机社会化服务采纳程度加深，农户愈益专注于个别生产或管理环节，家庭劳动力的专业化水平不断得到提升，同时获得了更多的自由时间可用于参与培训或者休闲（段培等，2017），有助于教育和健康等人力资本的积累。特别是，引入农机社会化服务后，农户得以从繁重的农业生产中释放出来，提高其参与农业和非农技能培训的可能性，从而增加其人力资本积累，改善经济条件，缓解相对贫困。具体而言，一方面，农业技能培训会向农户传输先进的农业生产经营管理知识、技术以及相关的农业政策和法律法规等，使得农户逐渐接受并认可现代农业经营管理理念，提高农业生产经营管理水平，进而改善农业生产经营效率，减少农业经营风险，增加农业经营性收入，缓解相对贫困。另一方面，非农技能培训能够提高农户的认知能力、学习能力等，增强其非农就业的保障，有利于农户在非农领域谋取职位或更换更有效的工作岗位，增加其工资性收入，缓解相对贫困（罗明忠等，2020）。

其次，农机社会化服务采纳通过增加农户非农工作经验，进而缓解其多维相对贫困。农机社会化服务采纳极大地缓解了农业生产的季节性用工短缺，农村家庭劳动力"农忙时节"的季节性流动明显减少，非农就业稳定性得以增强。而非农就业的稳定性增强，能够有效增加农户非农工作经验，为农户积累人力资本提供基础（孟凡强、吴江，2013）。稳定就业意味着农户能够长期从事某一类工作，提高专业性知识水平，进而增加工作经验，提升其人力资本水平，获得更高的工作待遇和工资性收入，从而改善其经济条件，缓解相对贫困；而工资性收入增加也有助于农户增加医疗、养老等防护性保障，从而摆脱相对贫困状态。

可见，农机社会化服务采纳通过促进家庭分工深化，提升家庭劳动力专业化水平，有效增加了农户人力资本积累，而人力资本积累不仅有助于提高农户收入，改善其经济条件，而且有利于增强农户的透明性保证和防护性保障，进而缓解相对贫困。一般而言，农户人力资本越丰富，增收的潜力越大，经济条件越好；劳动者也就越有可能通过签订就业合同获得透明性保证以及通过购买医疗、养老保险等获得防护性保障，缓解相对贫困。

（2）农机社会化服务采纳、社会资本积累与农户多维相对贫困。

社会资本能够发挥缓解贫困的作用，因此被认为是"穷人的资本"（Woolcock and Narayan，2000）。社会资本通常包括社会网络等维度（徐戈等，2019）。

农机社会化服务采纳通过增加农户社会资本积累，进而缓解其相对贫困。具体而言，农机社会化服务采纳会促进农户社会网络扩大，缓解其多维相对贫困。一方面，农机社会化服务采纳使家庭劳动力得到进一步释放，劳动力流动速度、规模持续上升，促进劳动力在家庭层面的就业多样化。随着劳动力逐渐向外流动，农户的社会网络不断扩大，其社会资本得以增加（李聪，2010），对相对贫困缓解具有正向作用。另一方面，农机社会化服务对农业劳动力的有效替代使得劳动力季节性流动持续减少，推升农户就业稳定性，增加农户社会资本积累。农户社会资本的积累需要就业稳定做依托。有效关系网络的建立往往需要双方长期互动交往（马红梅、金彦平，2009），而就业稳定是农户与特定人员长期往来的保障，并在此基础上增加其社会资本积累。社会网络扩大能够使农户改善信息劣势，增加获取收入和发展的机会，进而改善其经济条件，提高其社会机会的可获性，缓解相对贫困。

可见，农机社会化服务采纳通过促进家庭分工深化，使得家庭劳动力就业多样化，有效增加了农户社会资本积累，而社会资本积累增加有助于提升农户发展能力，进而缓解相对贫困。社会资本积累能够使农户利用获取信息的优势和网络信任优势来实现目标或改善个人状况，改善其自身能力，缓解相对贫困。而且，社会资本中的互助、互惠特征也有助于农户改善医疗条件，增强防护性保障，避免其落入健康贫困陷阱。

三、农机社会化服务采纳、风险冲击与农户多维相对贫困

农业生产风险是农户致贫和不易脱贫的重要原因（商兆奎、邵侃，2018）。农户采纳农机社会化服务能够有效规避农业生产经营风险（郝爱民，2013），降低风险冲击概率，避免收入受损，进而改善其经济条件，缓解多维相对贫困。

首先，农机社会化服务采纳通过降低自然风险冲击，缓解农户多维相对

贫困。自然灾害等对农业生产具有显著负向影响，而农业机械能够有效应对自然灾害等突发事件对农业生产造成的危害，使农业产量得到保障，稳定种植收入（俞福丽、蒋乃华，2015），减少农业经营性收入损失。比如收割机和烘干机的使用能够有效避免小麦产量和质量的损失（胡祎、张正河，2018），减少极端天气的影响，降低自然风险冲击概率，避免收入受损，缓解多维相对贫困。

其次，农机社会化服务通过降低雇工风险冲击，缓解农户多维相对贫困。农机社会化服务的引入，有效替代了雇工劳动（宋海英、姜长云，2015），规避了雇工难导致的用工风险，同时使得农事作业过程变得可计量，减少了监督费用（罗必良，2017；胡新艳等，2018）以及道德风险和逆向选择现象发生（胡祎、张正河，2018），进而降低了雇工风险冲击概率，避免了农户收入受损。如"互联网+"的农机社会化服务模式能够对农机作业服务质量进行有效监管（张天成，2018）。同时，农机社会化服务在减轻劳动强度中发挥着不可替代的作用，避免了健康不足的农户由于体能欠缺而导致的农业收入损失。农业机械的引入，使得健康不良的劳动者也能实现精耕细作，获得种植收入（何福平，2011；俞福丽、蒋乃华，2015），规避了健康问题导致的农业经营风险，在一定程度上减缓了相对贫困。

最后，农机社会化服务通过降低农机投资风险冲击，缓解农户多维相对贫困。农机社会化服务对自购农机的替代，规避了农机投资的套牢风险，避免了农户收入受损。随着劳动力的非农转移以及农业雇工成本的增加，农业机械替代人工的趋势在不断增强。农户面临自购农机和购买服务这两种机械化选择，而农户选择自购农机，容易出现农机投资锁定的风险。农业机械具有较高的资产专用性特征与沉淀成本（罗明忠等，2019），一方面农业机械通常固定成本较高，另一方面其存在一定的维修成本。事实上，在家庭经营规模难以达到农业机械作业能力所需的规模条件下，农户如果对具有较高的资产专用性的农业机械进行投资，则容易面临较高的沉淀成本。因此，对于小农户而言，在土地规模受限和土地细碎化条件下，进行自购农机具有较高的投资风险，而选择采纳农机社会化服务则不需要承担农机锁定的风险，同时能够获取机械化作业带来的收益，有效避免了收入受损，改善了经济条件，从而降低了陷入相对贫困的概率。

第四节　本章小结

　　本章基于分工理论和贫困理论，从理论上厘清了农机社会化服务采纳对农户相对贫困的影响机制。农户相对贫困主要分为经济相对贫困和多维相对贫困，同时基于城乡二元分割的现实，农户经济相对贫困又分为城乡比较视角下农户经济相对贫困和农村内部比较视角下农户经济相对贫困。对于城乡比较视角下农户经济相对贫困而言，其缓解路径在于增加农户收入，而农机社会化服务采纳通过提升农业生产效率、劳动力配置效率以及要素交易效率，促进农户农业经营性收入增加和工资性收入增加，进而缓解农户经济相对贫困。

　　对于农村内部比较视角下农户经济相对贫困而言，其治理路径在于减少农户间的收入差距。农户间的禀赋差异是导致其收入差距的主要因素，主要表现为农业经营性收入和工资性收入差距较大。而农机社会化服务采纳能够通过缩小农户间的劳动力禀赋差异、土地禀赋差异以及技术禀赋差异，减少农户间的农业经营性收入和工资性收入差距，降低农户间的收入不平等，进而缓解农户经济相对贫困。

　　对于农户多维相对贫困而言，其治理路径在于提高农户内生发展能力，而农机社会化服务采纳通过推动家庭劳动力分工深化，有效促进了效率提升和资本积累增加，进而改善了农户经济条件、增强了其透明性保证和防护性保障、提高其社会机会可获性，同时农机社会化服务采纳能够有效降低风险冲击，包括自然风险冲击和雇工风险冲击以及农机投资风险冲击，从而避免农户收入受损，改善其经济条件，缓解多维相对贫困。

第四章

数据来源与样本分析

第一节　数据来源

　　本研究所采用的数据为 2017 年课题组对河南 6 县的农户抽样调查数据，调研内容包括农户禀赋与收入、农业生产与社会化服务、土地经营状况以及村庄基本特征等方面。河南省属于典型的农业大省，地理资源丰富，兼具平原和山区地形，其农机社会化服务发展具有一定的代表性。与此同时，河南省属于欠发达地区，农村居民整体经济水平不高，其相对贫困状况具有典型性。因而，本研究选取河南省农村居民作为研究对象，以此探讨农机社会化服务采纳对农户相对贫困的影响，对于研究中国农户相对贫困问题具有一定的参考性。

　　调研实施时间分别为 2017 年 6 月 17 日—24 日和 2017 年 7 月 1 日—8 日。第一阶段调研依据村庄人均纯收入等指标在正阳县选取了 10 个乡（镇），每个乡（镇）选取 5 个村庄，同时每个村庄选取 40 户农户作为样本户进行调查，共计 2000 个样本，最终收回有效问卷 1914 份。第二阶段调研依据地理位置、小麦播种面积和农村居民人均可支配收入等指标，在河南省东、西、中、南、北区域分别选取一个样本县，分别为杞县、新安县、舞阳县、上蔡县和安阳县。在此基础上，依据经济发展水平将每个县的乡（镇）进行五等分，并在每份中随机选取一个样本乡（镇）。同样按照经济发展水平将每个样本乡（镇）的村庄分为两组，每组中随机选取一个样本村，每村随机选取 40 户样本户，共发放问卷 2000 份。调研由经过培训的本地调查员一对一进行入户访谈，最终回收有效问卷 2000 份。课题组累计发放农户问卷 4000 份，回收 3914 份有效问卷。经数据清理后，依据本文所需指标，最终选取 2750 份农户样本展开研究。

第二节 样本描述性统计分析

一、农户相对贫困特征分析

从农户相对贫困特征看，样本农户的相对贫困发生率较高，特别是城乡比较视角下农户经济相对贫困发生率超过了 75%[①]。表 4-1 显示，城乡比较视角下，处于经济相对贫困的农户样本为 2077 个，占比为 75.53%，而非经济相对贫困的农户样本为 673 个，占比为 24.47%，可见，目前条件下，城乡收入差距大仍然是中国经济社会发展的一大难题；农村内部比较视角下，处于经济相对贫困的农户样本为 1033 个，占比为 37.56%，而非经济相对贫困的农户样本为 1717 个，占比为 62.44%，说明经过多年的扶贫攻坚，农村贫困治理成效显著；处于多维相对贫困的农户样本为 1287 个，占比为 46.80%，而非多维相对贫困的农户样本为 1463 个，占比为 53.20%。

[①] 城乡比较视角下农户经济相对贫困指的是农户家庭人均收入水平低于城镇居民人均可支配收入的 50%；农村内部比较视角下农户经济相对贫困指的是农户家庭人均收入水平低于农村居民人均可支配收入的 50%；农户多维相对贫困通过多维相对贫困识别指标体系来衡量（见表 7-1），在该指标体系中，如果有 4 个及以上的指标被剥夺则视为农户处于多维相对贫困。另外，贫困发生率为相对贫困样本数除以选取的总样本数。

表4-1 农户相对贫困数据统计分析

变量	选项	样本（个）	比率（%）
城乡比较视角下农户经济相对贫困	否	673	24.47
	是	2077	75.53
农村内部比较视角下农户经济相对贫困	否	1717	62.44
	是	1033	37.56
农户多维相对贫困	否	1463	53.20
	是	1287	46.80

二、农机社会化服务采纳特征分析

从农机社会化服务采纳特征看，样本农户采纳整地或收割服务的比例较高，特别是收割服务，其采纳比例超过了85%。表4-2显示，采纳整地服务的农户样本为2045个，占比为74.36%，而未采纳整地服务的农户样本为705个，占比为25.64%；采纳收割服务的农户样本为2346个，占比为85.31%，而未采纳收割服务的农户样本为404个，占比为14.69%；采纳农机社会化服务的农户样本为2401个，占比为87.31%，而未采纳农机社会化服务的农户样本为349个，占比为12.69%。

表4-2 农机社会化服务采纳数据统计分析

变量	选项	样本（个）	比率（%）
整地服务采纳	否	705	25.64
	是	2045	74.36
收割服务采纳	否	404	14.69
	是	2346	85.31
农机社会化服务采纳	否	349	12.69
	是	2401	87.31

三、个体特征分析

从农户的个体特征看，样本农户为党员和村干部的占比较小。表4-3显示，农户为党员的样本个数是227个，占比为8.25%，而非党员的样本个数是2523个，占比为91.75%；农户为村干部的样本个数是151个，占比为5.49%，而非村干部的样本个数是2599个，占比为94.51%。

表4-3　个体特征数据统计分析

变量	选项	样本（个）	比率（%）
党员	否	2523	91.75
	是	227	8.25
村干部	否	2599	94.51
	是	151	5.49

四、家庭特征分析

从农户的家庭特征看，样本农户的家庭劳动力数量多数高于均值，承包地面积多数低于或等于均值，存款余额多数在1万元及以下。表4-4显示，家庭劳动力数量低于或等于均值的农户样本为1118个，占比为40.65%，而家庭劳动力数量高于均值的农户样本为1632个，占比为59.35%。

承包地面积低于或等于均值的农户样本为1727个，占比为62.80%，而承包地面积高于均值的农户样本为1023个，占比为37.20%；没有存款余额的农户样本为22个，占比为0.80%，存款余额在1万元及以下的农户样本为1688个，占比为61.38%，存款余额在1万~5万元的农户样本为586个，占比为21.31%，存款余额在5万~10万元的农户样本为394个，占比为14.33%，存款余额在10万元以上的农户样本为60个，占比为2.18%。

表 4-4　家庭特征数据统计分析

变量	选项	样本（个）	比率（%）
家庭劳动力数量	低于或等于均值	1118	40.65
	高于均值	1632	59.35
承包地面积	低于或等于均值	1727	62.80
	高于均值	1023	37.20
存款余额	无	22	0.80
	1 万元及以下	1688	61.38
	1 万~5 万元	586	21.31
	5 万~10 万元	394	14.33
	10 万元以上	60	2.18

五、区域特征分析

从农户所在的区域特征看，样本农户多数分布在平原地区，交通条件一般，村庄经济发展水平处于中等水平，多数离镇中心和县城距离较近。表 4-5 可见，村庄地形为山区的农户样本是 18 个，占比为 0.65%；村庄地形为丘陵的农户样本是 260 个，占比为 9.45%；村庄地形为平原的农户样本是 2472 个，占比为 89.90%。

村庄交通条件很差的农户样本是 152 个，占比为 5.52%；村庄交通条件较差的农户样本是 436 个，占比为 15.85%；村庄交通条件一般的农户样本是 1137 个，占比为 41.35%；村庄交通条件较好的农户样本是 906 个，占比为 32.95%；村庄交通条件很好的农户样本是 119 个，占比为 4.33%。

村庄经济发展水平很差的农户样本是 95 个，占比为 3.45%；村庄经济发展水平较差的农户样本是 560 个，占比为 20.36%；村庄经济发展水平一般的农户样本是 1719 个，占比为 62.51%；村庄经济发展水平较高的农户样本是 353 个，占比为 12.84%；村庄经济发展水平很好的农户样本是 23 个，占比为 0.84%。

离镇中心距离低于或等于均值的农户样本是 1778 个，占比为 64.65%，而离镇中心距离高于均值的农户样本是 972 个，占比为 35.35%；离县城距离低于或等于均值的农户样本是 1594 个，占比为 57.96%，而离县城距离高于均值的农户样本是 1156 个，占比为 42.04%。

表 4-5 区域特征数据统计分析

变量	选项	样本（个）	比率（%）
村庄地形	山区	18	0.65
	丘陵	260	9.45
	平原	2472	89.90
村庄交通条件	很差	152	5.52
	较差	436	15.85
	一般	1137	41.35
	较好	906	32.95
	很好	119	4.33
村庄经济发展水平	很差	95	3.45
	较差	560	20.36
	一般	1719	62.51
	较好	353	12.84
	很好	23	0.84
离镇中心距离	低于或等于均值	1778	64.65
	高于均值	972	35.35
离县城距离	低于或等于均值	1594	57.96
	高于均值	1156	42.04

第三节 样本交叉分析

一、个体特征与农机社会化服务采纳交叉分析

表4-6反映了不同个体特征下农机社会化服务采纳状况。在2750个观测样本中，户主为非党员的农户样本为2523个，占比为91.75%，其整地服务采纳率为0.736，收割服务采纳率为0.849，农机社会化服务采纳率为0.869；户主为党员的农户样本为227个，占比为8.25%，其整地服务采纳率为0.823，收割服务采纳率为0.894，农机社会化服务采纳率为0.907。从问卷调查数据的描述性统计结果看，党员与农机社会化服务采纳呈现正相关关系，表明户主为党员可能会提升农机社会化服务采纳率。

户主为非村干部的农户样本为2599个，占比为94.51%，其整地服务采纳率为0.741，收割服务采纳率为0.851，农机社会化服务采纳率为0.871；户主为村干部的农户样本为151个，占比为5.49%，其整地服务采纳率为0.774，收割服务采纳率为0.887，农机社会化服务采纳率为0.907。可见，村干部与农机社会化服务采纳呈现正相关关系，表明户主为村干部的可能会提升农机社会化服务采纳率。

表4-6 个体特征与农机社会化服务采纳交叉分析

个体特征		整地服务采纳	收割服务采纳	农机社会化服务采纳	频数	百分比
党员	否	0.736	0.849	0.869	2523	91.75
	是	0.823	0.894	0.907	227	8.25
村干部	否	0.741	0.851	0.871	2599	94.51
	是	0.774	0.887	0.907	151	5.49

二、家庭特征与农机社会化服务采纳交叉分析

表4-7反映了不同家庭特征下农机社会化服务采纳状况。在2750个观测样本中，家庭劳动力数量低于或等于均值的农户样本为1118个，占比为40.65%，其整地服务采纳率为0.730，收割服务采纳率为0.824，农机社会化服务采纳率为0.843；家庭劳动力数量高于均值的农户样本为1632个，占比为59.35%，其整地服务采纳率为0.752，收割服务采纳率为0.872，农机社会化服务采纳率为0.893。可见，家庭劳动力数量与农机社会化服务采纳呈现正相关关系，表明家庭劳动力数量较多可能会提升农机社会化服务采纳率。

承包地面积低于或等于均值的农户样本为1727个，占比为62.80%，其整地服务采纳率为0.738，收割服务采纳率为0.826，农机社会化服务采纳率为0.841；承包地面积高于均值的农户样本为1023个，占比为37.20%，其整地服务采纳率为0.751，收割服务采纳率为0.898，农机社会化服务采纳率为0.925。可见，承包地面积与农机社会化服务采纳呈现正相关关系，表明承包地面积较多可能会提升农机社会化服务采纳率。

没有存款余额的农户样本为22个，占比为0.80%，其整地服务采纳率为0.772，收割服务采纳率为0.909，农机社会化服务采纳率为0.909；存款余额在1万元及以下的农户样本为1688个，占比为61.38%，其整地服务采纳率为0.724，收割服务采纳率为0.840，农机社会化服务采纳率为0.859；存款余额在1万~5万元的农户样本为586个，占比为21.31%，其整地服务采纳率为0.766，收割服务采纳率为0.866，农机社会化服务采纳率为0.889；存款余额在5万~10万元的农户样本为394个，占比为14.33%，其整地服务采纳率为0.781，收割服务采纳率为0.883，农机社会化服务采纳率为0.903；存款余额在10万元以上的农户样本为60个，占比为2.18%，其整地服务采纳率为0.800，收割服务采纳率为0.866，农机社会化服务采纳率为0.900。可见，存款余额与农机社会化服务采纳呈现正相关关系，表明存款余额较多可能会提升农机社会化服务采纳率。

表4-7　家庭特征与农机社会化服务采纳交叉分析

家庭特征		整地服务采纳	收割服务采纳	农机社会化服务采纳	频数	百分比
家庭劳动力数量	低于或等于均值	0.730	0.824	0.843	1118	40.65
	高于均值	0.752	0.872	0.893	1632	59.35
承包地面积	低于或等于均值	0.738	0.826	0.841	1727	62.80
	高于均值	0.751	0.898	0.925	1023	37.20
存款余额	无	0.772	0.909	0.909	22	0.80
	1万元及以下	0.724	0.840	0.859	1688	61.38
	1万~5万元	0.766	0.866	0.889	586	21.31
	5万~10万元	0.781	0.883	0.903	394	14.33
	10万元以上	0.800	0.866	0.900	60	2.18

三、区域特征与农机社会化服务采纳交叉分析

表4-8反映了不同区域特征下农机社会化服务采纳状况。在2750个观测样本中，村庄地形为山区的农户样本是18个，占比为0.65%，其整地服务采纳率为0.722，收割服务采纳率为0.666，农机社会化服务采纳率为0.777；村庄地形为丘陵的农户样本是260个，占比为9.45%，其整地服务采纳率为0.726，收割服务采纳率为0.769，农机社会化服务采纳率为0.823；村庄地形为平原的农户样本是2472个，占比为89.90%，其整地服务采纳率为0.745，收割服务采纳率为0.863，农机社会化服务采纳率为0.879。从问卷调查数据的描述性统计结果看，村庄地形与农机社会化服务采纳呈现正相关关系，表明村庄地形越平坦，农机社会化服务采纳率可能越高。

村庄交通条件很差的农户样本是152个，占比5.52%，其整地服务采纳率为0.710，收割服务采纳率为0.815，农机社会化服务采纳率为0.848；村庄交通条件较差的农户样本是436个，占比为15.85%，其整地服务采纳率为

0.692，收割服务采纳率为 0.825，农机社会化服务采纳率为 0.841；村庄交通条件一般的农户样本是 1137 个，占比为 41.35%，其整地服务采纳率为 0.755，收割服务采纳率为 0.860，农机社会化服务采纳率为 0.882；村庄交通条件较好的农户样本是 906 个，占比为 32.95%，其整地服务采纳率为 0.760，收割服务采纳率为 0.861，农机社会化服务采纳率为 0.879；村庄交通条件很好的农户样本是 119 个，占比为 4.33%，其整地服务采纳率为 0.731，收割服务采纳率为 0.873，农机社会化服务采纳率为 0.882。可见，村庄交通条件与农机社会化服务采纳呈现正相关关系，表明村庄交通条件越好，农机社会化服务采纳率可能越高。

村庄经济发展水平很差的农户样本是 95 个，占比为 3.45%，其整地服务采纳率为 0.705，收割服务采纳率为 0.821，农机社会化服务采纳率为 0.831；村庄经济发展水平较差的农户样本是 560 个，占比为 20.36%，其整地服务采纳率为 0.708，收割服务采纳率为 0.830，农机社会化服务采纳率为 0.851；村庄经济发展水平一般的农户样本是 1719 个，占比为 62.51%，其整地服务采纳率为 0.759，收割服务采纳率为 0.865，农机社会化服务采纳率为 0.885；村庄经济发展水平较高的农户样本是 353 个，占比为 12.84%，其整地服务采纳率为 0.728，收割服务采纳率为 0.838，农机社会化服务采纳率为 0.855；村庄经济发展水平很好的农户样本是 23 个，占比为 0.84%，其整地服务采纳率为 0.826，收割服务采纳率为 0.869，农机社会化服务采纳率为 0.869。表明村庄经济发展水平与农机社会化服务采纳呈现正相关关系，表明村庄经济发展水平越好，农机社会化服务采纳率可能越高。

离镇中心距离低于或等于均值的农户样本为 1778 个，占比为 64.65%，其整地服务采纳率为 0.748，收割服务采纳率为 0.838，农机社会化服务采纳率为 0.851；离镇中心距离高于均值的农户样本为 972 个，占比为 35.35%，其整地服务采纳率为 0.734，收割服务采纳率为 0.880，农机社会化服务采纳率为 0.912。从问卷调查数据的描述性统计结果看，离镇中心距离与农机社会化服务采纳呈现正相关关系。

离县城距离低于或等于均值的农户样本为 1594 个，占比为 57.96%，其整地服务采纳率为 0.762，收割服务采纳率为 0.851，农机社会化服务采纳率为 0.863；离县城距离高于均值的农户样本为 1156 个，占比为 42.04%，其整地服务采纳率为 0.717，收割服务采纳率为 0.855，农机社会化服务采纳率为 0.885。从问卷调查数据的描述性统计结果看，离县城距离与农机社会化服务采纳呈现正相关关系。

表 4-8　区域特征与农机社会化服务采纳交叉分析

区域特征		整地服务采纳	收割服务采纳	农机社会化服务采纳	频数	百分比
村庄地形	山区	0.722	0.666	0.777	18	0.65
	丘陵	0.726	0.769	0.823	260	9.45
	平原	0.745	0.863	0.879	2472	89.90
村庄交通条件	很差	0.710	0.815	0.848	152	5.52
	较差	0.692	0.825	0.841	436	15.85
	一般	0.755	0.860	0.882	1137	41.35
	较好	0.760	0.861	0.879	906	32.95
	很好	0.731	0.873	0.882	119	4.33
村庄经济发展水平	很差	0.705	0.821	0.831	95	3.45
	较差	0.708	0.830	0.851	560	20.36
	一般	0.759	0.865	0.885	1719	62.51
	较好	0.728	0.838	0.855	353	12.84
	很好	0.826	0.869	0.869	23	0.84
离镇中心距离	低于或等于均值	0.748	0.838	0.851	1778	64.65
	高于均值	0.734	0.880	0.912	972	35.35
离县城距离	低于或等于均值	0.762	0.851	0.863	1594	57.96
	高于均值	0.717	0.855	0.885	1156	42.04

四、农机社会化服务采纳与农户相对贫困交叉分析

表 4-9 反映了农机社会化服务采纳下农户相对贫困状况。在 2750 个观测样本中，没有采纳整地服务的农户样本为 705 个，占比为 25.64%，其城乡比较视角下农户经济相对贫困的发生概率为 0.855，农村内部比较视角下农户经济相对贫困的发生概率为 0.465，农户多维相对贫困的发生概率为 0.580；采纳整地服务的农户样本为 2045 个，占比为 74.36%，其城乡比较视角下农户经济相对贫困的发生概率为 0.720，农村内部比较视角下农户经济相对贫困的发生概率为 0.344，农户多维相对贫困的发生概率为 0.429。无论是城乡比较视角下农户经济相对贫困、农村内部比较视角下农户经济相对贫困还是农户多维相对贫困，两者均值都在 1% 的统计水平上具有显著差异。从问卷调查数据的描述性统计结果看，整地服务采纳与农户相对贫困呈现负相关关系，表明整地服务采纳可能降低了农户相对贫困的发生概率。

没有采纳收割服务的农户样本为 404 个，占比为 14.69%，其城乡比较视角下的农户经济相对贫困发生概率为 0.896，农村内部比较视角下农户经济相对贫困的发生概率为 0.524，农户多维相对贫困的发生概率为 0.628；采纳收割服务的农户样本为 2346 个，占比为 85.31%，其城乡比较视角下农户经济相对贫困的发生概率为 0.731，农村内部比较视角下农户经济相对贫困的发生概率为 0.349，农户多维相对贫困的发生概率为 0.440。无论是城乡比较视角下农户经济相对贫困、农村内部比较视角下农户经济相对贫困还是农户多维相对贫困，两者均值都在 1% 的统计水平上具有显著差异。从问卷调查数据的描述性统计结果看，收割服务采纳与农户相对贫困呈现负相关关系，表明收割服务采纳可能降低了农户相对贫困的发生概率。

没有采纳农机社会化服务的农户样本为 349 个，占比为 12.69%，其城乡比较视角下农户经济相对贫困的发生概率为 0.928，农村内部比较视角下农户经济相对贫困的发生概率为 0.541，农户多维相对贫困的发生概率为 0.650；采纳农机社会化服务的农户样本为 2401 个，占比为 87.31%，其城乡比较视角下农户经济相对贫困的发生概率为 0.730，农村内部比较视角下农户经济相

表 4-9 农机社会化服务采纳与农户相对贫困交叉分析

农机社会化服务采纳		城乡比较视角下农户经济相对贫困		农村内部比较视角下农户经济相对贫困		农户多维相对贫困		频数	百分比
		均值	均值差异	均值	均值差异	均值	均值差异		
整地服务采纳	否	0.855	0.135***	0.465	0.121***	0.580	0.151***	705	25.64
	是	0.720		0.344		0.429		2045	74.36
收割服务采纳	否	0.896	0.165***	0.524	0.175***	0.628	0.188***	404	14.69
	是	0.731		0.349		0.440		2346	85.31
农机社会化服务采纳	否	0.928	0.198***	0.541	0.190***	0.650	0.209***	349	12.69
	是	0.730		0.351		0.441		2401	87.31

对贫困的发生概率为 0.351，农户多维相对贫困的发生概率为 0.441。无论是城乡比较视角下农户经济相对贫困、农村内部比较视角下农户经济相对贫困还是农户多维相对贫困，两者均值都在 1% 的统计水平上具有显著差异。从问卷调查数据的描述性统计结果看，农机社会化服务采纳与农户相对贫困呈现负相关关系，表明农机社会化服务采纳可能降低了农户相对贫困的发生概率。

五、个体特征与农户相对贫困交叉分析

表 4-10 反映了户主个体特征下农户相对贫困状况。在 2750 个观测样本中，户主不是党员的农户样本为 2523 个，占比为 91.75%，其城乡比较视角下农户经济相对贫困的发生概率为 0.759，农村内部比较视角下农户经济相对贫困的发生概率为 0.381，农户多维相对贫困的发生概率为 0.484；户主是党员的农户样本为 227 个，占比为 8.25%，其城乡比较视角下农户经济相对贫困的发生概率为 0.709，农村内部比较视角下农户经济相对贫困的发生概率为 0.312，农户多维相对贫困的发生概率为 0.281。无论是农村内部比较视角下农户经济相对贫困，还是农户多维相对贫困，两者均值都在 5% 或 1% 的统计水平上具有显著差异。从问卷调查数据的描述性统计结果看，党员与农户相对贫困呈现负相关关系，表明户主是党员可能会降低农户相对贫困的发生概率。

户主不是村干部的农户样本为 2599 个，占比为 94.51%，其城乡比较视角下农户经济相对贫困的发生概率为 0.763，农村内部比较视角下农户经济相对贫困的发生概率为 0.381，农户多维相对贫困的发生概率为 0.480；户主是村干部的农户样本为 151 个，占比为 5.49%，其城乡比较视角下农户经济相对贫困的发生概率为 0.615，农村内部比较视角下农户经济相对贫困的发生概率为 0.271，农户多维相对贫困的发生概率为 0.251。无论是城乡比较视角下农户经济相对贫困、农村内部比较视角下农户经济相对贫困还是农户多维相对贫困，两者均值都在 1% 的统计水平上具有显著差异。从问卷调查数据的描述性统计结果看，村干部与农户相对贫困呈现负相关关系，表明户主是村干部可能会降低农户相对贫困的发生概率。

表 4-10 个体特征与农户相对贫困交叉分析

个体特征		城乡比较视角下农户经济相对贫困		农村内部比较视角下农户经济相对贫困		农户多维相对贫困		频数	百分比
		均值	均值差异	均值	均值差异	均值	均值差异		
党员	否	0.759	0.050	0.381	0.069**	0.484	0.203***	2523	91.75
	是	0.709		0.312		0.281		227	8.25
村干部	否	0.763	0.148***	0.381	0.110***	0.480	0.229***	2599	94.51
	是	0.615		0.271		0.251		151	5.49

六、家庭特征与农户相对贫困交叉分析

表4-11反映了家庭特征下农户相对贫困状况。在2750个观测样本中,家庭劳动力数量低于或等于均值的农户样本为1118个,占比为40.65%,其城乡比较视角下农户经济相对贫困的发生概率为0.770,农村内部比较视角下农户经济相对贫困的发生概率为0.416,农户多维相对贫困的发生概率为0.446;家庭劳动力数量高于均值的农户样本为1632个,占比为59.35%,其城乡比较视角下农户经济相对贫困的发生概率为0.745,农村内部比较视角下农户经济相对贫困的发生概率为0.347,农户多维相对贫困的发生概率为0.482。无论是农村内部比较视角下农户经济相对贫困,还是农户多维相对贫困,两者均值都在1%或10%的统计水平上具有显著差异。从问卷调查数据的描述性统计结果看,家庭劳动力数量与农户相对贫困呈现负相关关系,表明家庭劳动力数量可能会降低农户相对贫困的发生概率。

承包地面积低于或等于均值的农户样本为1727个,占比为62.80%,其城乡比较视角下农户经济相对贫困的发生概率为0.806,农村内部比较视角下农户经济相对贫困的发生概率为0.444,农户多维相对贫困的发生概率为0.473;承包地面积高于均值的农户样本为1023个,占比为37.20%,其城乡比较视角下农户经济相对贫困的发生概率为0.668,农村内部比较视角下农户经济相对贫困的发生概率为0.259,农户多维相对贫困的发生概率为0.458。无论是城乡比较视角下农户经济相对贫困,还是农村内部比较视角下农户经济相对贫困,两者均值都在1%的统计水平上具有显著差异。从问卷调查数据的描述性统计结果看,承包地面积与农户相对贫困呈现负相关关系,表明承包地面积可能会降低农户相对贫困的发生概率。

没有存款余额的农户样本为22个,占比为0.80%,其城乡比较视角下农户经济相对贫困的发生概率为0.772,农村内部比较视角下农户经济相对贫困的发生概率为0.409,农户多维相对贫困的发生概率为0.590;存款余额在1万元及以下的农户样本为1688个,占比为61.38%,其城乡比较视角下农户经济相对贫困的发生概率为0.803,农村内部比较视角下农户经济相对贫困的发生概率为0.438,农户多维相对贫困的发生概率为0.497;存款余额在1万~5

表4-11 家庭特征与农户相对贫困交叉分析

家庭特征		城乡比较视角下农户经济相对贫困		农村内部比较视角下农户经济相对贫困		农户多维相对贫困		频数	百分比
		均值	均值差异	均值	均值差异	均值	均值差异		
家庭劳动力数量	低于或等于均值	0.770	0.025	0.416	0.069***	0.446	-0.036*	1118	40.65
	高于均值	0.745		0.347		0.482		1632	59.35
承包地面积	低于或等于均值	0.806	0.138***	0.444	0.185***	0.473	0.015	1727	62.80
	高于均值	0.658		0.259		0.458		1023	37.20
存款余额	无	0.772		0.409		0.590		22	0.80
	1万元及以下	0.803	0.126***	0.438	0.165***	0.497	0.080***	1688	61.38
	1~5万元	0.725		0.337		0.488		586	21.31
	5~10万元	0.649		0.200		0.335		394	14.33
	10万元以上	0.383		0.116		0.283		60	2.18

万元的农户样本为 586 个，占比为 21.31%，其城乡比较视角下农户经济相对贫困的发生概率为 0.725，农村内部比较视角下农户经济相对贫困的发生概率为 0.337，农户多维相对贫困的发生概率为 0.488；存款余额在 5 万~10 万元的农户样本为 394 个，占比为 14.33%，其城乡比较视角下农户经济相对贫困的发生概率为 0.649，农村内部比较视角下农户经济相对贫困的发生概率为 0.200，农户多维相对贫困的发生概率为 0.335；存款余额在 10 万元以上的农户样本为 60 个，占比为 2.18%，其城乡比较视角下农户经济相对贫困的发生概率为 0.383，农村内部比较视角下农户经济相对贫困的发生概率为 0.116，农户多维相对贫困的发生概率为 0.283。无论是城乡比较视角下农户经济相对贫困、农村内部比较视角下农户经济相对贫困还是农户多维相对贫困，两者均值都在 1% 的统计水平上具有显著差异。从问卷调查数据的描述性统计结果看，存款余额与农户相对贫困呈现负相关关系，表明存款余额可能会降低农户相对贫困的发生概率。

七、区域特征与农户相对贫困交叉分析

表 4-12 反映了区域特征下农户相对贫困状况。在 2750 个观测样本中，村庄地形是山区的农户样本为 18 个，占比为 0.65%，其城乡比较视角下农户经济相对贫困的发生概率为 0.833，农村内部比较视角下农户经济相对贫困的发生概率为 0.777，农户多维相对贫困的发生概率为 0.388；村庄地形是丘陵的农户样本为 260 个，占比为 9.45%，其城乡比较视角下农户经济相对贫困的发生概率为 0.892，农村内部比较视角下农户经济相对贫困的发生概率为 0.553，农户多维相对贫困的发生概率为 0.465；村庄地形是平原的农户样本为 2472 个，占比为 89.90%，其城乡比较视角下农户经济相对贫困的发生概率为 0.740，农村内部比较视角下农户经济相对贫困的发生概率为 0.353，农户多维相对贫困的发生概率为 0.468。无论是城乡比较视角下农户经济相对贫困，还是农村内部比较视角下农户经济相对贫困，两者均值都在 1% 的统计水平上具有显著差异。从问卷调查数据的描述性统计结果看，村庄地形与农户相对贫困呈现负相关关系，表明村庄地形越平坦，农户相对贫困的发生概率可能越低。

村庄交通条件很差的农户样本为 152 个，占比为 5.52%，其城乡比较视角下农户经济相对贫困的发生概率为 0.769，农村内部比较视角下农户经济相对贫困的发生概率为 0.355，农户多维相对贫困的发生概率为 0.486；村庄交通条件较差的农户样本为 436 个，占比为 15.85%，其城乡比较视角下农户经济相对贫困的发生概率为 0.747，农村内部比较视角下农户经济相对贫困的发生概率为 0.373，农户多维相对贫困的发生概率为 0.486；村庄交通条件一般的农户样本为 1137 个，占比为 41.35%，其城乡比较视角下农户经济相对贫困的发生概率为 0.761，农村内部比较视角下农户经济相对贫困的发生概率为 0.364，农户多维相对贫困的发生概率为 0.473；村庄交通条件较好的农户样本为 906 个，占比为 32.95%，其城乡比较视角下农户经济相对贫困的发生概率为 0.749，农村内部比较视角下农户经济相对贫困的发生概率为 0.391，农户多维相对贫困的发生概率为 0.450；村庄交通条件很好的农户样本为 119 个，占比为 4.33%，其城乡比较视角下农户经济相对贫困的发生概率为 0.747，农村内部比较视角下农户经济相对贫困的发生概率为 0.394，农户多维相对贫困的发生概率为 0.462。无论是城乡比较视角下农户经济相对贫困、农村内部比较视角下农户经济相对贫困还是农户多维相对贫困，两者均值都不具有显著差异。从问卷调查数据的描述性统计结果看，村庄交通条件与农户相对贫困呈现负相关关系。

村庄经济发展水平很差的农户样本为 95 个，占比为 3.45%，其城乡比较视角下农户经济相对贫困的发生概率为 0.842，农村内部比较视角下农户经济相对贫困的发生概率为 0.505，农户多维相对贫困的发生概率为 0.494；村庄经济发展水平较差的农户样本为 560 个，占比为 20.36%，其城乡比较视角下农户经济相对贫困的发生概率为 0.762，农村内部比较视角下农户经济相对贫困的发生概率为 0.398，农户多维相对贫困的发生概率为 0.507；村庄经济发展水平一般的农户样本为 1719 个，占比为 62.51%，其城乡比较视角下农户经济相对贫困的发生概率为 0.768，农村内部比较视角下农户经济相对贫困的发生概率为 0.383，农户多维相对贫困的发生概率为 0.460；村庄经济发展水平较高的农户样本为 353 个，占比为 12.84%，其城乡比较视角下农户经济相对贫困的发生概率为 0.665，农村内部比较视角下农户经济相对贫困的发生概率为 0.271，农户多维相对贫困的发生概率为 0.433；村庄经济发展水平很好的农户样本为 23 个，占比为 0.84%，其城乡比较视角下农户经济相对贫困的发生概率为 0.608，农村内部比较视角下农户经济相对贫困的发生概率为 0.304，农户多维相对贫困的发生概率为 0.478。无论是城乡比较视角下农户经济相对贫困，还是农村内部比较视角下农户经济相对贫困，两者均值都在 1% 的统计水平上具有显著差异。从问卷调查数据的描述性统计结果看，村庄经济发展水平与农户相对贫困呈现负相关关系，表明村庄经济发展水平越好，农户相对贫困的发生概率可能越低。

离镇中心距离低于或等于均值的农户样本为 1778 个，占比为 64.65%，其城乡比较视角下农户经济相对贫困的发生概率为 0.763，农村内部比较视角下农户经济相对贫困的发生概率为 0.405，农户多维相对贫困的发生概率为 0.460；离镇中心距离高于均值的农户样本为 972 个，占比为 35.35%，其城乡比较视角下农户经济相对贫困的发生概率为 0.740，农村内部比较视角下农户经济相对贫困的发生概率为 0.320，农户多维相对贫困的发生概率为 0.482。农村内部比较视角下农户经济相对贫困的均值在 1% 的统计水平上具有显著差异。从问卷调查数据的描述性统计结果看，离镇中心距离与农户相对贫困呈现正相关关系，表明离镇中心距离越远，农户相对贫困的发生概率可能越高。

离县城距离低于或等于均值的农户样本为 1594 个，占比为 57.96%，其城乡比较视角下农户经济相对贫困的发生概率为 0.752，农村内部比较视角下农户经济相对贫困的发生概率为 0.373，农户多维相对贫困的发生概率为 0.447；离县城距离高于均值的农户样本为 1156 个，占比为 42.04%，其城乡比较视角下农户经济相对贫困的发生概率为 0.759，农村内部比较视角下农户经济相对贫困的发生概率为 0.378，农户多维相对贫困的发生概率为 0.496。农户多维相对贫困的均值在 5% 的统计水平上具有显著差异。从问卷调查数据的描述性统计结果看，离县城距离与农户相对贫困呈现正相关关系，表明离县城距离越远，农户相对贫困的发生概率可能越高。

表4-12 区域特征与农户相对贫困交叉分析

区域特征		城乡比较视角下农户经济相对贫困		农村内部比较视角下农户经济相对贫困		农户多维相对贫困		频数	百分比
		均值	均值差异	均值	均值差异	均值	均值差异		
村庄地形	山区	0.833		0.777		0.388		18	0.65
	丘陵	0.892	0.148***	0.553	0.215***	0.465	−0.008	260	9.45
	平原	0.740		0.353		0.468		2472	89.90
村庄交通条件	很差	0.769		0.355		0.486		152	5.52
	较差	0.747		0.373		0.486		436	15.85
	一般	0.761	0.009	0.364	−0.027	0.473	0.026	1137	41.35
	较好	0.749		0.391		0.450		906	32.95
	很好	0.747		0.394		0.462		119	4.33

续表

区域特征		城乡比较视角下农户经济相对贫困		农村内部比较视角下农户经济相对贫困		农户多维相对贫困		频数	百分比
		均值	均值差异	均值	均值差异	均值	均值差异		
村庄经济发展水平	很差	0.842		0.505		0.494		95	3.45
	较差	0.762		0.398		0.507		560	20.36
	一般	0.768	0.108***	0.383	0.118***	0.460	0.037	1719	62.51
	较好	0.665		0.271		0.433		353	12.84
	很好	0.608		0.304		0.478		23	0.84
离镇中心距离	低于或等于均值	0.763		0.405		0.460		1778	64.65
	高于均值	0.740	0.023	0.320	0.085***	0.482	-0.022	972	35.35
离县城距离	低于或等于均值	0.752		0.373		0.447		1594	57.96
	高于均值	0.759	-0.007	0.378	-0.005	0.496	-0.049**	1156	42.04

第四节 本章小结

本章对数据来源和样本统计特征进行了分析。研究发现，从样本特征看，样本农户的相对贫困发生率较高，特别是在城乡比较视角下的农户经济相对贫困发生率超过了75%，而农村内部比较视角下的农户经济相对贫困发生率也超过了37%，农户多维相对贫困则超过了46%。农户普遍会采纳整地和收割服务，特别是收割服务，其采纳率达到了85.31%，而整地服务则达到了74.36%，显然以整地和收割服务为代表的农机社会化服务已经成为农户从事农业生产的重要组成部分，广泛影响着农业生产和农户行为选择，进而可能影响农户贫困状态。样本农户中党员和村干部的比例较低，党员比例不超过9%，而村干部比例则不超过6%，农户政治资源一般。样本农户的家庭劳动力数量多数超过均值，在均值以上的比例超过了59%，而家庭承包地面积多数低于均值，在均值以下的比例超过60%，存款余额集中在1万元及以下的水平，其比例超过了60%，与此同时，没有存款余额的农户比例仅为0.8%，存款余额在10万元以上的农户比例为2.18%，表明农户整体经济水平处于较低的状态，两极分化现象不明显。样本农户多数生活在平原地区，其比例超过89%，地理资源相对较好；交通条件多数处于一般水平，与此同时村庄经济发展水平多数位于中等水平，其比例超过了60%，而且多数离镇中心和县城距离较近。

从农机社会化服务采纳的交叉分析看，个体特征中，户主为党员和村干部的农户采纳农机社会化服务的概率更高，当户主是党员时，农户采纳农机社会化服务的概率达到了90.7%，而当户主为村干部时，农户采纳农机社会化服务的概率也超过了90%。家庭特征中，家庭劳动力数量和承包地面积及存款余额会提高农户采纳农机社会化服务的概率，特别是承包地面积，承包地面积多的农户的农机社会化服务采纳率明显高于承包地面积少的农户的农机社会化服务采纳率，其农机社会化服务采纳率达到了92.5%。区域特征中，村庄地形为平原的农机社会化服务采纳率会明显高于村庄地形为山区或丘陵的农机社会化服务采纳率，其农机社会化服务采纳率达到了87.9%，而山区的农机社会化服务采纳率为77.7%。交通条件好的村庄，农户采纳农机社会化服务的概率会更高，同时村庄经济发展水平也与农机社会化服务采纳呈现正向关系，经济发展水平好的村庄比经济发展水平差的村庄，其农户采纳农机社会化服务的概率更高。另外，离镇中心距离和县城距离越远，农机社会化服务采纳率越高。

从农户相对贫困的交叉分析看，农机社会化服务采纳与农户相对贫困具有负向关系，无论是采纳整地服务或者收割服务，其农户相对贫困发生概率均比未采纳整地服务或者收割服务的农户相对贫困发生概率更低，城乡比较视角下的农户经济相对贫困发生概率降低了19.8%，农村内部比较视角下的农户经济相对贫困发生概率降低了19%，农户多维相对贫困发生概率则降低了20.3%。个体特征中，户主为党员和村干部会降低农户相对贫困的发生概率，当户主为党员时，城乡比较视角下的农户经济相对贫困发生概率降低了5%，农村内部比较视角下的农户经济相对贫困发生概率降低了6.9%，农户多维相对贫困发生概率则降低了22.9%；当户主为村干部时，城乡比较视角下的农户经济相对贫困发生概率降低了14.8%，农村内部比较视角下的农户经济相对贫困发生概率降低了11%，农户多维相对贫困发生概率则降低了22.9%。家庭特征中，家庭劳动力数量会降低农户经济相对贫困的发生概率，相比家庭劳动力数量低于或等于均值的农户，家庭劳动力数量高于均值的农户在城乡比较视角下的经济相对贫困发生概率降低了2.5%，农村内部比较视角下的经济相对贫困发生概率降低了6.9%；承包地面积会降低农户相对贫困的发生概率，相比承包地面积低于或等于均值的农户，承包地面积高于均值的农户在城乡比较视角下的经济相对贫困发生概率降低了13.8%，农村内部比较视角下的经济相对贫困发生概率降低了18.5%；多维相对贫困发生概率则降低了1.5%；存款余额会降低农户相对贫困的发生概率，相比存款余额低于或等于均值的农户，存款余额高于均值的农户在城乡比较视角下的经济相对贫困发生概率降低了12.6%，农村内部比较视角下的经济相对贫困发生概率降低了16.5%；多维相对贫困发生概率则降低了8%。区域特征中，村庄地形会降低农户经济相对贫困的发生概率，相比村庄地形为山区的农户，村庄地形为平原的农户在城乡比较视角下的经济相对贫困发生概率降低了 9.3%，农村内部比较视角下的经济相对贫困发生概率降低了 42.4%；村庄交通条件会降低农户相对贫困，相比村庄交通条件很差的农户，村庄交通条件很好的农户在城乡比较视角下的经济相对贫困发生概率降低了 2.2%，多维相对贫困发生概率降低了 2.4%；村庄经济发展水平会降低农户相对贫困，相比村庄经济发展水平很差的农户，村庄经济发展水平很好的农户在城乡比较视角下的经济相对贫困发生概率降低了 23.4%，农村内部比较视角下的经济相对贫困发生概率降低了 20.1%，多维相对贫困发生概率降低了 1.6%；离镇中心距离会增加农户多维相对贫困的发生概率，相比离镇中心距离低于或等于均值的农户，离镇中心距离高于均值的农户的多维相对贫困发生概率增加了 2.2%；离县城距离会增加农户相对贫困的发生概率，相比离县城距离低于或等于均值的农户，离县城距离高于均值的农户在城乡比较视角下的经济相对贫困发生概率增加了 0.7%，农村内部比较视角下的经济相对贫困发生概率增加了 0.5%，多维相对贫困发生概率则增加了 4.9%。综合来看，本章对数据来源和样本特征进行了基本分析，为下一步研究奠定了基础。

第五章

城乡比较视角下农户经济相对贫困
缓解效应实证检验

第一节 研究假说

基于前文的理论分析可知，在城乡比较视角下，农机社会化服务采纳通过促进农业生产效率、劳动力配置效率以及要素交易效率提升，增加农户农业经营性收入和工资性收入，进而缓解农户经济相对贫困。本章将通过梳理总结，基于"农机社会化服务采纳—效率提升—农户经济相对贫困缓解"的逻辑思路，进一步阐述在城乡比较视角下，农机社会化服务采纳对农户经济相对贫困的影响及其机制，并提出研究假说。

长期以来，农业分工抑制是导致农业发展滞后和农户收入增速缓慢的原因之一。随着社会经济环境变化，农村生产要素开始流动，特别是农村劳动力向非农产业转移，优质农业劳动力出现短缺，使得农业生产方式开始发生改变。非农就业增加使得农业劳动力的稀缺性进一步提高，促进了农业劳动力价格的快速上涨，也促使农户增加对于农机社会化服务的需求，推动了农机社会化服务体系的进一步完善。农机社会化服务本质属于社会分工的范畴（蔡键、刘文勇，2017），其通过提高个人专业化水平和迂回生产程度以及增加中间产品种类数，推动农业分工演进，进而促进农户农业经营性收入增加，缓解经济相对贫困。与此同时，引入农机社会化服务后，农业机械会进一步替代现有的农业劳动力，促使农户家庭剩余劳动力向非农产业转移，从而增加了其工资性收入,缓解经济相对贫困。

农机社会化服务采纳通过提高个人专业化水平和迂回生产程度以及增加中间产品种类数,提升农业生产效率、劳动力配置效率以及要素交易效率,增加农户农业经营性收入和工资性收入,进而缓解其经济相对贫困。具体而言,首先,农机社会化服务采纳通过提高个人专业化水平和迂回生产程度,促进农业生产效率提升,增加农户农业经营性收入,缓解其经济相对贫困。采纳农机社会化服务后,农户仅专注于自身具有优势的生产环节(李颖慧、李敬,2019),提高了个人的专业化水平,增加了生产的熟练程度,进而促进了农业生产效率提升。引入农机社会化服务后,农业生产的迂回程度进一步增加,原先由农户自身操作的生产环节,逐渐由农业机械所替代,而农业机械的生产效率普遍会高于人工,促使农业生产效率得到有效提升,进而增加农户的农业经营性收入,缓解其经济相对贫困。

其次,农机社会化服务采纳通过提高个人专业化水平和迂回生产程度,促进劳动力配置效率提升,增加农户的工资性收入,缓解其经济相对贫困。采纳农机社会化服务后,农户家庭分工得到进一步深化,个人专业化水平显著上升,实现了家庭劳动力的合理配置(董欢,2016;王留鑫、何炼成,2017)。一方面,农机社会化服务的引入过程即替代劳动力的过程,加速了家庭劳动力在农业和非农产业的分化,进一步提升了其专业化水平,使得剩余劳动力开始向非农产业转移,从而增加了农户工资性收入。另一方面,农机社会化服务在一定程度上缓解了劳动力的季节性流动,使得农户非农就业稳定性进一步增加,其非农就业的专业化水平也得到提升,进而促进了工资性收入增加。同时随着农机社会化采纳程度和范围的不断增加,农机社会化服务体系不断完善,促使农业生产的迂回度增加,生产链条不断延伸,推动新的农业生产部门出现和农业产业发展,为农户实现农业产业内就业创造了新的机会,增加其获得工资性收入的可能性,从而缓解经济相对贫困。

最后,农机社会化服务采纳通过增加中间产品种类数,促进要素交易效率提升,增加农户的农业经营性收入,缓解其经济相对贫困。一方面,随着农业分工逐渐深化和农业技术不断进步,农机社会化服务模式创新程度进一步提高,农户能够更加便利,并以较低的成本获取农机社会化服务,实现农业机械要素的快速交易，降低要素交易成本，增加农业经营性收入。另一方面，农机社会化服务作为农业生产链条的某一环节，带动了其他生产要素的投入使用。一些农业企业、合作社以及服务队等服务组织在向农户提供农机社会化服务的同时，会附带其他生产要素的供给，如农药、化肥等，使得其他生产要素的交易成本显著下降，提高了其他生产要素的交易效率，从而增加了其他生产要素的投入，促进了农户农业经营性收入增加，缓解经济相对贫困。

由此，构建城乡比较视角下，农机社会化服务采纳缓解农户经济相对贫困的作用机制图（见图5-1），并提出研究假说1和研究假说2：

H1：农机社会化服务采纳有利于缓解城乡比较视角下农户经济相对贫困。

H2：农机社会化服务采纳通过提升农业生产效率、劳动力配置效率和要素交易效率，缓解城乡比较视角下农户经济相对贫困。

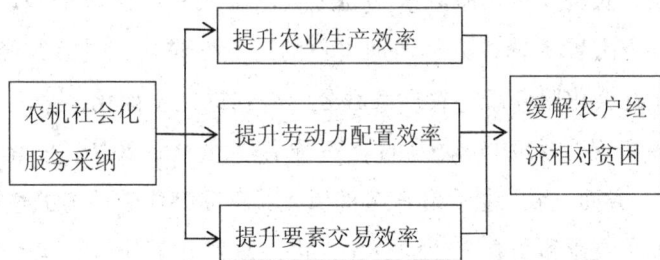

图5-1 农机社会化服务采纳缓解城乡比较视角下农户经济相对贫困的作用机制

第二节 变量选择与模型构建

一、变量选择

（1）因变量。本章重点考察城乡比较视角下农户经济相对贫困状况，借鉴罗明忠等（2020）的研究，使用2016年农户家庭人均收入水平进行衡量，低于所在县城镇居民人均可支配收入的50%即视为相对贫困。

（2）核心自变量。本章的目的在于分析农机社会化服务采纳对城乡比较视角下农户经济相对贫困的影响。整地和收割环节对农业生产的影响较大（杨进等，2018；Yi et al.，2019），同时基于调查数据可知，整地和收割服务为农户普遍采纳的农机社会化服务。因而，选取整地或收割环节是否采纳农机社会化服务对农机社会化服务采纳进行刻画。

（3）中介变量。基于前文理论分析，本章旨在探讨农机社会化服务采纳通过提升农业生产效率、劳动力配置效率和要素交易效率，缓解城乡比较视角下农户经济相对贫困。结合理论分析和兼顾数据可获性，借鉴周利平等（2020）的研究，选取亩均产出、劳动力兼业比例和农药投入对农业生产效率、劳动力配置效率和要素交易效率进行刻画。

（4）控制变量。借鉴丁赛、李克强（2019）的研究，本章选取户主是否村干部、是否党员来刻画农户的个体特征；选取家庭劳动力数量、承包地面积以及存款余额来反映家庭特征；选取所在村庄地形、交通条件、经济发展水平以及离镇中心和县城的距离来反映区域特征。所有变量描述性统计结果见表5-1。

表5-1　变量定义、测度与描述性统计分析

变量类型	变量名称	变量测度	平均值	标准偏差
因变量	城乡比较视角下农户经济相对贫困	2016年农户家庭人均收入低于所在县城镇居民人均可支配收入的50%视为相对贫困，赋值为1；否则赋值为0	0.755	0.430
核心自变量	农机社会化服务采纳	整地或收割环节是否采纳农机社会化服务，否=0，是=1	0.873	0.332
中介变量	农业生产效率	亩均产出（公斤，取对数）	5.237	1.848
	劳动力配置效率	劳动力兼业比例	0.142	0.263
	要素交易效率	农药投入（元，取对数）	4.905	2.037

变量类型	变量名称	变量测度	平均值	标准偏差
控制变量	是否党员	否=0，是=1	0.082	0.275
	是否村干部	否=0，是=1	0.054	0.227
	家庭劳动力数量	人	2.849	1.441
	承包地面积	亩	8.316	5.950
	存款余额	无=0；1万元及以下=1；1万~5万元=2；5万~10万元=3；10万元以上=4	1.557	0.824
	村庄地形	1=山区；2=丘陵；3=平原	2.892	0.330
	村庄交通条件	1=很差；2=较差；3=一般；4=较好；5=很好	3.146	0.927
	村庄经济发展水平	1=很差；2=较差；3=一般；4=较好；5=很好	2.872	0.698
	离镇中心距离	公里	4.115	3.401
	离县城距离	公里	20.796	12.052

由表5-1可知，城乡比较视角下农户经济相对贫困问题突出。在人均可支配收入50%的相对贫困标准下农户经济相对贫困的发生率达到75.5%。可见，随着城乡收入不平等加剧，城乡比较视角下农户经济相对贫困已经成为亟待解决的问题，促进农户增收的重要性日益突现，应从农户自身、政府、社会等多个层面构建增收机制，避免农户陷入相对贫困陷阱。农机社会化服务采纳率为87.3%，表明农机社会化服务广泛影响着农户生产生活。中介变量中，农业生产效率、劳动力配置效率和要素交易效率普遍较高。控制变量中，户主为党员和村干部的比例较低，分别为8.2%和5.4%；家庭劳动力数量大约为3人，承包地面积超过了8亩，存款余额普遍在1万~5万元左右；村庄地形以平原和丘陵为主，交通条件和经济发展水平一般，离镇中心距离和县城距离普遍较近。

对样本农户的收入来源进行分析发现，农户以农业经营性收入和工资性收入为主，其在家庭总收入中的占比分别为43.39%和39.43%。同时进一步区分相对贫困户与非相对贫困户发现，相对贫困户的农业经营性收入和工资性收入均低于非相对贫困户。可见，增加农户的农业经营性收入和工资性收入有利于缓解城乡比较视角下农户经济相对贫困。

另外，在2750个观测样本中，没有采纳农机社会化服务的样本为349个，占比12.7%，其城乡比较视角下农户经济相对贫困的发生概率为0.928；采纳农机社会化服务的样本为2401个，占比为87.3%，其城乡比较视角下农户经济相对贫困的发生概率为0.730。可见，农机社会化服务采纳与城乡比较视角下农户经济相对贫困呈现负相关关系，表明农机社会化服务采纳可能降低了城乡比较视角下农户经济相对贫困的发生概率。

二、模型构建

（1）基准回归模型。由于因变量城乡比较视角下农户经济相对贫困为二元分类变量，为检验农机社会化服务采纳对城乡比较视角下农户经济相对贫困的影响，本章采用二元 logit 模型进行分析，模型公式为：$\text{log}it(p_i) = \ln$

$$\frac{p_i(y_i = 1)}{1 - p_i(y_i = 1)} = a_0 + a_1 X_i + D_i^{'}\beta + \zeta_i \tag{5-1}$$

式（5-1）中 p_i 代表城乡比较视角下农户经济相对贫困的概率，y_i 为因变量，表示城乡比较视角下农户经济相对贫困；X_i 表示农机社会化服务采纳，$D_i^{'}$ 表示个体特征、家庭特征和区域特征方面的控制变量，a_0 为常数项，a_1 和 β 为待估计系数；ζ_i 为随机扰动项。

（2）中介效应模型。为探讨农机社会化服务采纳对城乡比较视角下农户经济相对贫困的影响机制，借鉴温忠麟、叶宝娟（2014）的研究，构建如下的中介效应模型：

$$Y = c_0 + c_1 X + \sum_{n=1} c_{2n} D_{ni} + \varepsilon_1 \tag{5-2}$$

$$M = a_0 + a_1 X + \sum_{n=1} a_{2n} D_{ni} + \varepsilon_2 \tag{5-3}$$

$$Y = b_0 + c^{'} X + b_1 M + \sum_{n=1} b_{2n} D_{ni} + \varepsilon_3 \tag{5-4}$$

（5-2）式、（5-3）式、（5-4）式中 Y、X、M 分别表示城乡比较视角下农户经济相对贫困、农机社会化服务采纳与中介变量（农业生产效率、劳动力配置效率和要素交易效率）；Dni 表示个体特征、家庭特征和区域特征方面的控制变量；$a0$、$b0$、$c0$ 为常数项，$a1$、$b1$、c'、$c1$、$a2n$、$b2n$、$c2n$ 为待估计系数；$\varepsilon1$、$\varepsilon2$、$\varepsilon3$ 为误差项，服从正态分布。

第三节　模型估计结果与分析

一、基准回归结果

表 5-2 的模型 I、II 报告了农机社会化服务采纳对城乡比较视角下农户经济相对贫困影响的估计结果。结果表明，农机社会化服务采纳对城乡比较视角下农户经济相对贫困具有显著负向影响，有利于缓解城乡比较视角下农户经济相对贫困，研究假说 1 得到验证。从缓解程度看，在其他控制变量不变的情形下，采纳农机社会化服务的农户的相对贫困发生率会减少 23.8%。究其主要原因，首先是因为农户通过采纳农机社会化服务，获得分工专业化和迂回生产效果带来的农业生产效率改善，促进了农业经营性收入增加。其次，农机社会化服务通过推动家庭分工深化，提升了劳动力配置效率，促进了农户工资性收入增长。最后，农机社会化服务使农户能够以较低成本获取生产要素，带动了其他生产要素的快速交易，促进了其他生产要素投入，增加了农户农业经营性收入，进而降低了城乡收入不平等，有效缓解了城乡比较视角下农户经济相对贫困。对此，将在后文中介机制检验中进一步予以实证。

控制变量中，是否村干部、承包地面积、存款余额、村庄地形和村庄经济发展水平对城乡比较视角下农户经济相对贫困均具有显著负向影响。对于村干部而言，其信息获取渠道较非村干部的农户更多，能够减少信息缺乏、不对称带来的收益损失，其陷入相对贫困的概率更低。承包地面积越大，农户获得规模经济的可能性越高，越能促进农业经营性收入增长，缓解相对贫困。家庭存款为农户增加农业生产性投入（包括采用新技术）提供了资金支持，有利于提高农业增收的概率，缓解相对贫困，同时家庭存款能够为农户非农就业和创业提供资金支持，增加农户获得工资性收入的概率，进而缓解相对贫困。相比村庄地形为山区和丘陵的地区，村庄地形为平原的地区的农业生产条件更佳，便于农机社会化服务的应用，使农户获得更高的农业收入，减缓相对贫困。另外，村庄经济发展水平越好意味着农户普遍收入越高，其陷入相对贫困的概率越低。

表5-2 农机社会化服务采纳对城乡比较视角下农户经济相对贫困的回归结果

变量名称	模型 I	模型 II	边际效应
	城乡比较视角下农户经济相对贫困	城乡比较视角下农户经济相对贫困	城乡比较视角下农户经济相对贫困
农机社会化服务采纳	-1.566***	-1.417***	-0.238***
	(0.212)	(0.217)	(0.035)
是否党员	—	0.173	0.029
		(0.189)	(0.031)
是否村干部	—	-0.761***	-0.127***
	—	(0.214)	(0.035)
家庭劳动力数量	—	0.032	0.005
	—	(0.034)	(0.005)
承包地面积	—	-0.059***	-0.009***
		(0.008)	(0.001)
存款余额	—	-0.431***	-0.072***
	—	(0.054)	(0.008)
村庄地形	—	-0.806***	-0.135***
	—	(0.191)	(0.031)

续表

变量名称	模型 I	模型 II	边际效应
	城乡比较视角下农户经济相对贫困	城乡比较视角下农户经济相对贫困	城乡比较视角下农户经济相对贫困
村庄交通条件	—	0.021	0.003
	—	(0.052)	(0.008)
村庄经济发展水平	—	−0.187***	−0.031***
	—	(0.070)	(0.011)
离镇中心距离	—	0.006	0.001
	—	(0.014)	(0.002)
离县城距离	—	0.006	0.001
	—	(0.004)	(0.001)
地区	控制	控制	控制
伪 R2	0.026	0.085	——
样本量	2750	2750	2750

注：*、**和***分别表示在10%、5%和1%统计水平上显著，括号内为标准误，下同。

二、共线性检验

考虑到前文回归结果可能存在多重共线性问题，如是否党员与是否村干部、家庭劳动力数量与承包地面积及存款余额之间可能存在共线性问题，为此本章进一步对前文回归结果进行共线性检验（见表5-3）。结果表明，VIF最大为1.29，远低于10，故上述回归结果不存在多重共线性问题，结论较为可靠。

表5-3　共线性检验

变量名称	VIF	1/VIF
农机社会化服务采纳	1.03	0.969121
是否党员	1.28	0.778386
是否村干部	1.29	0.774488
家庭劳动力数量	1.05	0.952392
承包地面积	1.24	0.804488
存款余额	1.05	0.955276
村庄地形	1.05	0.949439
村庄交通条件	1.08	0.922462
村庄经济发展水平	1.08	0.927732
离镇中心距离	1.19	0.841187
离县城距离	1.14	0.876699
Mean VIF	1.14	—

三、稳健性检验

（1）替换核心自变量。为进一步验证上述结果的稳健性，本章采用替换核心自变量的方式对模型进行了重新估计（见表5-4）。考虑到收割服务为农户普遍采纳的农机社会化服务，因而选取收割服务替换农机社会化服务进行回归，以检验农机社会化服务采纳对城乡比较视角下农户经济相对贫困影响的稳健性。从表5-4中模型Ⅰ和Ⅱ报告的结果可见，收割服务采纳对城乡比较视角下农户经济相对贫困具有显著负向影响，缓解了城乡比较视角下农户经济相对贫困，同时其他控制变量的估计结果也与前文一致。因而，上述研究结论具备稳健性。

表5-4 农机社会化服务采纳对城乡比较视角下农户经济相对贫困的稳健性回归结果（替换核心自变量）

变量名称	模型 I 城乡比较视角下 农户经济相对贫困	模型 II 城乡比较视角下 农户经济相对贫困	边际效应 城乡比较视角下 农户经济相对贫困
收割服务采纳	−1.154***	−1.021***	−0.172***
	(0.169)	(0.174)	(0.029)
是否党员	—	0.169	0.028
	—	(0.189)	(0.031)
是否村干部	—	−0.753***	−0.127***
	—	(0.213)	(0.035)
家庭劳动力数量	—	0.031	0.005
	—	(0.034)	(0.005)
承包地面积	—	−0.061***	−0.010***
	—	(0.008)	(0.001)
存款余额	—	−0.432***	−0.072***
	—	(0.054)	(0.008)
村庄地形	—	−0.769***	−0.129***
	—	(0.191)	(0.031)
村庄交通条件	—	0.015	0.002
	—	(0.052)	(0.008)
村庄经济发展水平	—	−0.187***	−0.031***
	—	(0.070)	(0.011)
离镇中心距离	—	0.005	0.001
	—	(0.014)	(0.002)

续表

变量名称	模型 I	模型 II	边际效应
	城乡比较视角下 农户经济相对贫困	城乡比较视角下 农户经济相对贫困	城乡比较视角下 农户经济相对贫困
离县城距离	—	0.006	0.001
	—	(0.004)	(0.001)
地区	控制	控制	控制
伪 R2	0.019	0.079	——
样本量	2750	2750	2750

（2）变更样本。为进一步验证上述结果的稳健性，本章采用变更样本的方式对模型进行了重新估计。广东省韶关市新丰县以山地、丘陵地形为主，其农机社会化服务现状能够在一定程度上代表南方山区的农机社会化服务发展，与以平原地形为主的河南省的农机社会化服务发展形成对比研究。而且，广东省韶关市新丰县经济水平尚处于发展阶段，农村居民整体经济状况不佳，其相对贫困具有一定的代表性。河南省是以种植小麦为主，而新丰县是以种植水稻为主。因此，本章将样本替换为广东省新丰县重新进行回归。数据来源于课题组 2018 年对广东省韶关市新丰县的农户问卷调查，调研内容包括农户家庭基本信息、生产经营情况、社会化服务情况、农田基础设施建设等，随机选取了 60 个样本村，每个样本村随机抽取 20 个农户，累计发放农户问卷 1200 份，回收 1200 份有效问卷。经数据清理后，依据本章所需指标，最终选取 756 份农户样本展开研究。变量定义、测度与描述性统计分析如表 5-5 所示。

由表 5-5 可知，城乡比较视角下农户经济相对贫困的发生率为 52.6%，相对贫困问题较为突出。农机社会化服务采纳率为 58.5%，尽管低于河南省的农机社会化服务采纳率，但采纳农机社会化服务的农户也超过一半，表明随着农业技术不断进步和农村劳动力持续转移，农机社会化服务逐渐开始影响着以广东省为代表的南方山区的农户。控制变量中，户主为党员和村干部的比例较低，为 12.3% 和 8.4%；家庭劳动力数量大约为 2 人，承包地面积低于 7 亩，存款余额普遍在 1 万元左右；村庄地形大多以山区和丘陵为主，交通条件一般，经济发展水平较高，离镇中心距离和县城距离普遍较远。

表 5-5 变量定义、测度与描述性统计分析

变量类型	变量名称	变量测度	平均值	标准偏差
因变量	城乡比较视角下农户经济相对贫困	2017 年农户家庭人均收入低于所在县城镇居民人均可支配收入的 50% 视为相对贫困，赋值为 1；否则赋值为 0	0.526	0.499
核心自变量	农机社会化服务采纳	整地或收割环节是否采纳农机社会化服务，否=0，是=1	0.585	0.492
控制变量	是否党员	否=0，是=1	0.123	0.328
	是否村干部	否=0，是=1	0.084	0.278
	家庭劳动力数量	人	1.498	1.303
	承包地面积	亩	6.705	51.215
	存款余额	无=0；1 万元及以下=1；1 万~5 万元=2；5 万~10 万元=3；10 万元以上=4	1.089	0.993
	村庄地形	1=山区；2=丘陵；3=盆地；4=高原；5=平原	1.451	0.533
	村庄交通条件	去镇里是否有公交，否=0，是=1	0.395	0.489
	村庄经济发展水平	村经济条件与邻村相比，较差=0，差不多=1，较好=2	1.944	0.482
	离镇中心距离	公里	7.919	8.235
	离县城距离	公里	33.291	20.838

农机社会化服务采纳对城乡比较视角下农户经济相对贫困的稳健性回归结果如表 5-6 所示。从表 5-6 中模型 I 和 II 报告的结果可见，农机社会化服

务采纳对城乡比较视角下农户经济相对贫困仍具有显著负向影响，表明在不同样本下农机社会化服务采纳均能发挥减贫作用，同时其他控制变量的估计结果基本也与前文一致。因而，上述研究结论具备稳健性。

表5-6 农机社会化服务采纳对城乡比较视角下农户经济相对贫困的稳健性回归结果
（变更样本）

变量名称	模型 I	模型 II	边际效应
	城乡比较视角下农户经济相对贫困	城乡比较视角下农户经济相对贫困	城乡比较视角下农户经济相对贫困
农机社会化服务采纳	-2.416^{***}	-2.241^{***}	-0.345^{***}
	(0.183)	(0.206)	(0.021)
是否党员	—	0.427	0.065
	—	(0.327)	(0.050)
是否村干部	—	-0.856^{**}	-0.132^{**}
	—	(0.393)	(0.059)
家庭劳动力数量	—	-0.619^{***}	-0.095^{***}
	—	(0.080)	(0.010)
承包地面积	—	0.004	0.001
	—	(0.010)	(0.001)
存款余额	—	-0.521^{***}	-0.080^{***}
	—	(0.104)	(0.015)
村庄地形	—	0.341^{*}	0.052^{*}
	—	(0.184)	(0.028)
村庄交通条件	—	-0.225	-0.034
	—	(0.222)	(0.034)

变量名称	模型 I	模型 II	边际效应
	城乡比较视角下农户经济相对贫困	城乡比较视角下农户经济相对贫困	城乡比较视角下农户经济相对贫困
村庄经济发展水平	—	0.150	0.023
	—	(0.200)	(0.030)
离镇中心距离	—	0.026*	0.004*
	—	(0.014)	(0.002)
离县城距离	—	0.0002	0.001
	—	(0.005)	(0.001)
地区	控制	控制	控制
伪 R2	0.206	0.318	—
样本量	756	756	756

四、内生性讨论

（1）自选择偏差。前文建立的 Logit 模型可能存在由于样本自选择偏差所导致的内生性问题。由于农机社会化服务采纳是农户的自选择行为，其选择可能会受到自身禀赋的影响，而这些因素又会对其相对贫困状况产生影响。因此，忽略"自选择"问题将会导致参数估计结果有偏。倾向得分匹配（PSM）是常用的处理"自选择"问题的方法（李晓静等，2020），其基本思想是通过对采纳农机社会化服务的农户和未采纳农机社会化服务的农户进行匹配，使得采纳和未采纳的农户趋于均衡可比状态，然后比较其相对贫困状况。表 5-7 汇报了采用最近邻匹配法、卡尺匹配法和核匹配法 3 种倾向得分匹配法的估计结果。结果显示，农机社会化服务采纳对城乡比较视角下农户经济相对贫困具有显著负向影响，缓解了城乡比较视角下农户经济相对贫困。综合来看，倾向得分匹配的估计结果与前文基本一致，研究结论具有稳健性。

表5-7 农机社会化服务采纳对城乡比较视角下农户经济相对贫困的PSM估计结果

	匹配方法	实验组	控制组	ATT	标准误	T值
农机社会化服务采纳	最近邻匹配法	0.730	0.909	-0.179***	0.022	-7.83
	卡尺匹配法	0.730	0.928	-0.198***	0.016	-11.99
	核匹配法	0.730	0.911	-0.181***	0.017	-10.12

为考察倾向得分匹配结果是否较好地平衡了数据，需要进行平衡性检验。以最近邻匹配法为例，表5-8的检验结果显示，匹配后大多数变量的标准化偏差率小于10%；而且大多数t检验的结果不拒绝实验组和控制组无系统差异的原假设。同时对比匹配前的结果，大多数变量的标准化偏差均大幅度缩小。因而，倾向得分匹配结果通过了平衡性检验。

表5-8 最近邻匹配法平衡性检验

控制变量	匹配前均值		匹配后均值		偏差率		匹配后T检验	
	实验组	控制组	实验组	控制组	匹配前	匹配后	t值	P>t
是否党员	0.085	0.060	0.085	0.076	9.9	3.5	1.17	0.243
是否村干部	0.057	0.040	0.056	0.054	7.9	1.0	0.31	0.753
家庭劳动力数量	2.893	2.547	2.893	2.868	23.3	1.7	0.59	0.552
承包地面积	8.643	6.070	8.579	8.702	46.4	-2.2	-0.69	0.492
存款余额	1.572	1.449	1.572	1.587	15.4	-1.9	-0.63	0.529
村庄地形	2.899	2.845	2.900	2.926	15.1	-7.2	-3.05	0.002
村庄交通条件	3.159	3.063	3.159	3.132	10.2	2.8	0.95	0.344
村庄经济发展水平	2.878	2.833	2.878	2.869	6.1	1.2	0.40	0.688
离镇中心距离	4.189	3.602	4.186	3.984	18.3	6.3	2.04	0.041

续表

控制变量	匹配前均值		匹配后均值		偏差率		匹配后 T 检验	
	实验组	控制组	实验组	控制组	匹配前	匹配后	t 值	P > t
离县城距离	20.958	19.684	20.946	20.594	10.8	3.0	1.02	0.308

（2）互为因果。农机社会化服务采纳与城乡比较视角下农户经济相对贫困之间可能为互为因果的关系，导致前文模型存在内生性问题。农机社会化服务采纳具有增收效应，会影响城乡比较视角下农户经济相对贫困状态，同时农户经济相对贫困也可能会影响农机社会化服务采纳，收入越高的农户越可能采纳农机社会化服务。ERM 模型能够较好地解决这一问题。ERM 模型是国际前沿的处理内生性的方法，与传统工具变量法只适用于内生解释变量为连续型的情形相比，其适用于内生解释变量为连续型和离散型两种情形（Gould，2018）。同时选择收割服务采纳作为农机社会化服务采纳的代理变量，参考 Ma 等（2013）的研究，选择本村除该农户外其他样本农户的收割服务平均采纳率作为该农户采纳收割服务的工具变量。表 5-9 的回归结果表明，农机社会化服务采纳对城乡比较视角下农户经济相对贫困具有显著负向影响，缓解了城乡比较视角下农户经济相对贫困。综合来看，ERM 的估计结果与前文基本一致，研究结论具有稳健性。

表 5-9　农机社会化服务采纳对城乡比较视角下农户经济相对贫困的 ERM 回归结果

变量名称	模型 I	模型 II
	城乡比较视角下农户经济相对贫困	城乡比较视角下农户经济相对贫困
农机社会化服务采纳	-0.925***	-0.579**
	(0.199)	(0.267)
是否党员	—	0.104
	—	(0.110)

变量名称	模型 I	模型 II
	城乡比较视角下农户经济相对贫困	城乡比较视角下农户经济相对贫困
是否村干部	—	−0.450***
	—	(0.127)
家庭劳动力数量	—	0.018
	—	(0.019)
承包地面积	—	−0.037***
	—	(0.005)
存款余额	—	−0.257***
	—	(0.032)
村庄地形	—	−0.421***
	—	(0.108)
村庄交通条件	—	0.009
	—	(0.030)
村庄经济发展水平	—	−0.113***
	—	(0.040)
离镇中心距离	—	0.002
	—	(0.008)
离县城距离	—	0.003
	—	(0.002)
样本量	2750	2750

五、机制验证

为检验农机社会化服务采纳对城乡比较视角下农户经济相对贫困的作用机制，下文进行机制验证。基于前文理论分析可知，农机社会化服务采纳可能通过提升农业生产效率、劳动力配置效率以及要素交易效率，缓解城乡比较视角下农户经济相对贫困。为此，采用中介效应法对上述作用机制进行验证，并选取收割服务对农机社会化服务进行刻画，检验结果如表5-10所示，农机社会化服务采纳通过提升农业生产效率、劳动力配置效率以及要素交易效率，缓解城乡比较视角下农户经济相对贫困，研究假说2得到验证。

具体而言，首先，农业生产效率在农机社会化服务采纳影响城乡比较视角下农户经济相对贫困路径关系中的中介效应检验（模型Ⅰ、Ⅱ、Ⅲ）。由模型Ⅰ可知，农机社会化服务采纳对城乡比较视角下农户经济相对贫困具有显著负向影响，有利于缓解城乡比较视角下农户经济相对贫困；同时模型Ⅱ的结果显示农机社会化服务采纳对农业生产效率具有显著正向影响，有利于促进农业生产效率提升；另外模型Ⅲ的结果表明引入农业生产效率这一变量后，农机社会化服务采纳对城乡比较视角下农户经济相对贫困仍具有显著负向影响，且农业生产效率对城乡比较视角下农户经济相对贫困具有显著负向影响，影响系数 a_1b_1 与 c' 同符号（含义参见式5-3和式5-4，下同），依据前文模型构建中的中介效应检验步骤可知，农业生产效率在农机社会化服务采纳影响城乡比较视角下农户经济相对贫困的关系中起着部分中介作用，中介效应占总效应的比重为69.33%。

其次，劳动力配置效率在农机社会化服务采纳影响城乡比较视角下农户经济相对贫困路径关系中的中介效应检验（模型Ⅰ、Ⅳ、Ⅴ）。模型Ⅳ的结果显示农机社会化服务采纳对劳动力配置效率具有显著正向影响，有利于促进劳动力配置效率提升；另外模型Ⅴ的结果表明引入劳动力配置效率这一变量后，农机社会化服务采纳对城乡比较视角下农户经济相对贫困仍具有显著负向影响，且劳动力配置效率对城乡比较视角下农户经济相对贫困具有显著负向影响，影响系数 a_1b_1 与 c' 同符号，依据前文模型构建中的中介效应检验步

表5-10　农机社会化服务采纳对城乡比较视角下农户经济相对贫困的作用机制检验结果

变量名称	模型 I 城乡比较视角下农户经济相对贫困	模型 II 农业生产效率	模型 III 城乡比较视角下农户经济相对贫困	模型 IV 劳动力配置效率	模型 V 城乡比较视角下农户经济相对贫困	模型 VI 要素交易效率	模型 VII 城乡比较视角下农户经济相对贫困
农机社会化服务采纳	-1.021***	3.806***	-0.454**	0.033**	-1.003***	3.300***	-0.755***
	(0.174)	(0.068)	(0.213)	(0.014)	(0.175)	(0.076)	(0.204)
农业生产效率	—	—	-0.186***	—	—	—	—
			(0.046)				
劳动力配置效率	—	—	—	—	-0.817***	—	—
					(0.163)		
要素交易效率	—	—	—	—	—	—	-0.086**
							(0.035)
控制变量				引入			
常数项	5.816***	1.836***	6.209***	-0.062	5.772***	-1.218***	5.708***
	(0.645)	(0.255)	(0.656)	(0.053)	(0.645)	(0.286)	(0.645)
观测值	2750	2750	2750	2750	2750	2750	2750
伪 R2 或 R2	0.079	0.547	0.085	0.024	0.087	0.534	0.081

骤可知，劳动力配置效率在农机社会化服务采纳影响城乡比较视角下农户经济相对贫困的关系中起着部分中介作用，中介效应占总效应的比重为 2.64%。

最后，要素交易效率在农机社会化服务采纳影响城乡比较视角下农户经济相对贫困路径关系中的中介效应检验（模型 I、VI、VII）。模型 VI 的结果显示农机社会化服务采纳对要素交易效率具有显著正向影响，有利于促进要素交易效率提升；另外模型 VII 的结果表明引入要素交易效率这一变量后，农机社会化服务采纳对城乡比较视角下农户经济相对贫困仍具有显著负向影响，且要素交易效率对城乡比较视角下农户经济相对贫困具有显著负向影响，影响系数 $a1b1$ 与 c' 同符号，依据前文模型构建中的中介效应检验步骤可知，要素交易效率在农机社会化服务采纳影响城乡比较视角下农户经济相对贫困的关系中起着部分中介作用，中介效应占总效应的比重为 27.79%。

六、异质性分析

受个体特征、家庭特征以及区域特征的影响，农机社会化服务采纳对城乡比较视角下农户经济相对贫困的作用可能具有异质性，需进一步探讨。表 5-11 报告了个体特征下，农机社会化服务采纳对城乡比较视角下农户经济相对贫困的分组回归结果。从回归结果中可知，户主为党员和村干部或者非党员和非村干部条件下，农机社会化服务采纳对城乡比较视角下农户经济相对贫困均具有显著负向影响。但仅从直观比较中还不足以判断出农机社会化服务采纳对城乡比较视角下农户经济相对贫困的影响系数不存在显著差异。参考连玉君等（2010、2017）的研究，采用"经验 p 值"进行分组回归系数间是否存在显著差异判断，以考察个体特征下农户社会化服务采纳对城乡比较视角下农户经济相对贫困的影响是否具有异质性。表 5-11 分组回归结果中的"经验 P 值"表明，农机社会化服务采纳对城乡比较视角下农户经济相对贫困的影响系数在党员特征下存在显著差异，但在村干部特征下不存在显著差异。相比户主为非党员，在户主为党员的情形下，农机社会化服务采纳的缓贫效果更强。可能的原因是农机社会化服务采纳后，将这部分劳动力释放出来，由于党员的社会资本更丰富，其非农就业机会比非党员更多，更可能通过非农就业缓解贫困。可见，农机社会化服务采纳对城乡比较视角下农户经济相对贫困的影响在党员特征下具有异质性。

表 5-11　个体特征下农机社会化服务采纳对城乡比较视角下农户经济相对贫困的分组回归结果

变量	党员		村干部	
	否	是	否	是
农机社会化服务采纳	−1.381***	−2.486**	−1.404***	−1.500*
	(0.221)	(1.106)	(0.225)	(0.846)
控制变量	引入	引入	引入	引入
常量	5.887***	10.945***	6.361***	5.207**
	(0.679)	(2.946)	(0.716)	(2.068)
地区	控制	控制	控制	控制
伪 R2	0.080	0.175	0.079	0.158
样本量	2523	227	2599	151
经验 P 值	0.050**		0.250	

注：参考连玉君等（2010、2017）的研究，"经验 p 值"用于检验组间农机社会化服务采纳系数差异的显著性，通过自抽样（bootstrap）1000 次得到，下同。

表 5-12 家庭特征下农机社会化服务采纳对城乡比较视角下农户经济相对贫困的分组回归结果表明，家庭劳动力数量、承包地面积和存款余额条件下农机社会化服务采纳对城乡比较视角下农户经济相对贫困均具有显著负向影响。从"经验 P 值"可知，农机社会化服务采纳对城乡比较视角下农户经济相对贫困的影响在家庭劳动力数量、承包地面积以及存款余额特征下不存在显著差异，家庭特征异质性不明显。

表 5-13 区域特征下农机社会化服务采纳对城乡比较视角下农户经济相对贫困的分组回归结果表明，村庄地形、村庄经济发展水平和离县城距离条件下农机社会化服务采纳对城乡比较视角下农户经济相对贫困均具有显著负向影响。从"经验 P 值"可知，农机社会化服务采纳对城乡比较视角下农户经济相对贫困的影响在村庄地形、村庄经济发展水平以及离县城距离特征下不存在显著差异，区域特征异质性不明显。

表5-12 家庭特征下农机社会化服务采纳对城乡比较视角下农户经济相对贫困的分组回归结果

变量	家庭劳动力数量		承包地面积		存款余额	
	低于或等于均值	高于均值	低于或等于均值	高于均值	低于或等于均值	高于均值
农机社会化服务采纳	-1.486***	-1.386***	-1.415***	-1.505***	-1.439***	-1.385***
	(0.329)	(0.292)	(0.269)	(0.370)	(0.297)	(0.319)
控制变量	引入	引入	引入	引入	引入	引入
常量	4.757***	7.408***	6.984***	4.475***	6.069***	5.120***
	(0.972)	(0.883)	(0.827)	(1.234)	(0.955)	(0.916)
地区	控制	控制	控制	控制	控制	控制
伪R2	0.105	0.081	0.084	0.044	0.073	0.055
样本量	1118	1632	1727	1023	1710	1040
经验P值	0.450	0.420	0.390	—	—	—

表 5-13 区域特征下农机社会化服务采纳对城乡比较视角下农户经济相对贫困的分组回归结果

变量	村庄地形		村庄经济发展水平		离县城距离	
	山区/丘陵	平原	差/一般	好	低于或等于均值	高于均值
农机社会化服务采纳	−1.741*	−1.393***	−1.408***	−1.503***	−1.524***	−1.231***
	（1.049）	（0.222）	（0.246）	（0.475）	（0.287）	（0.335）
控制变量	引入	引入	引入	引入	引入	引入
常量	4.378***	3.828***	5.915***	4.853***	5.766***	7.544***
	（1.626）	（0.368）	（0.712）	（1.602）	（0.828）	（1.124）
地区	控制	控制	控制	控制	控制	控制
伪 R2	0.149	0.074	0.082	0.116	0.090	0.086
样本量	278	2472	2374	376	1594	1156
经验 P 值	0.360		0.430		0.350	

七、进一步讨论

前文考察了农机社会化服务是否采纳对城乡比较视角下农户经济相对贫困的影响，下文进一步讨论农机社会化服务采纳程度和服务供给主体对城乡比较视角下农户经济相对贫困的影响，以更好地刻画农机社会化服务采纳对城乡比较视角下农户经济相对贫困的影响。如果农户在"整地和收割环节均未采纳农机社会化服务设置为0，整地或收割环节采纳农机社会化服务设置为1，整地和收割环节均采纳农机社会化服务设置为2"。表5-14 农机社会化服务采纳程度与城乡比较视角下农户经济相对贫困的回归结果表明农机社会化服务采纳程度对城乡比较视角下农户经济相对贫困具有显著负向影响。农机社会化服务采纳程度越高，越能缓解城乡比较视角下农户经济相对贫困。从缓解程度看，在其他控制变量不变的情形下，农机社会化服务采纳程度每增加一个单位，会使得城乡比较视角下农户经济相对贫困的发生概率减少9.9%。可见，应进一步完善农机社会化服务体系，引导农户提高农机社会化服务采纳程度，以缓解城乡比较视角下农户经济相对贫困。

表5-14　农机社会化服务采纳程度对城乡比较视角下
农户经济相对贫困的回归结果

变量名称	模型 I 城乡比较视角下 农户经济相对贫困	模型 II 城乡比较视角下 农户经济相对贫困	边际效应 城乡比较视角下 农户经济相对贫困
农机社会化服务 采纳程度	-0.620***	-0.597***	-0.099***
	(0.079)	(0.084)	(0.013)
是否党员	—	0.208	0.034
	—	(0.190)	(0.031)
是否村干部		-0.776***	-0.130***
		(0.214)	(0.035)

续表

变量名称	模型 I 城乡比较视角下 农户经济相对贫困	模型 II 城乡比较视角下 农户经济相对贫困	边际效应 城乡比较视角下 农户经济相对贫困
家庭劳动力数量	—	0.029	0.005
	—	(0.034)	(0.005)
承包地面积	—	−0.062***	−0.010***
	—	(0.008)	(0.001)
存款余额	—	−0.430***	−0.072***
	—	(0.054)	(0.008)
村庄地形	—	−0.792***	−0.133***
	—	(0.190)	(0.031)
村庄交通条件	—	0.017	0.002
	—	(0.052)	(0.008)
村庄经济发展水平	—	−0.191***	−0.032***
	—	(0.070)	(0.011)
离镇中心距离	—	0.001	0.001
	—	(0.014)	(0.002)
离县城距离	—	0.004	0.001
	—	(0.004)	(0.001)
地区	控制	控制	控制
伪 R2	0.023	0.085	—
样本量	2750	2750	2750

如果农户在"整地和收割环节均未采纳农机社会化服务设置为 0，整地或

收割环节采纳的农机社会化服务由农机户（农机户包括一般农户和生产大户）提供设置为1，整地或收割环节采纳的农机社会化服务由服务组织（服务组织包括企业、合作社、本地或外地专业服务队（组））提供设置为2"。表5-15农机社会化服务供给主体对城乡比较视角下农户经济相对贫困的回归结果表明农机社会化服务供给主体对城乡比较视角下农户经济相对贫困具有显著负向影响，农机社会化服务由服务组织提供更能缓解城乡比较视角下农户经济相对贫困。从缓解程度看，在其他控制变量不变的情形下，相比农机社会化服务由农机户提供，由农机社会化服务组织提供会使得城乡比较视角下农户经济相对贫困的发生概率减少7.1%。可能的原因在于，与农机户相比，农机社会化服务组织的机械作业效率更高，有效提升了农业生产效率，并且农机社会化服务组织为农户提供农机服务的同时，能够相应地提供农药等其他生产要素，降低了农户的要素交易成本，提高了要素交易效率，进而促进了农户农业经营性收入增加。可见，农机社会化服务组织的益贫性更强，应进一步扶持农机社会化服务组织，做好农机社会化服务组织与农户的有效对接，以缓解城乡比较视角下农户经济相对贫困。

表5-15　农机社会化服务供给主体对城乡比较视角下农户经济相对贫困的回归结果

变量名称	模型I 城乡比较视角下农户经济相对贫困	模型II 城乡比较视角下农户经济相对贫困	边际效应 城乡比较视角下农户经济相对贫困
农机社会化服务供给主体	-0.457***	-0.426***	-0.071***
	(0.068)	(0.073)	(0.012)
是否党员	—	0.177	0.029
	—	(0.189)	(0.031)
是否村干部	—	-0.763***	-0.129***
	—	(0.213)	(0.035)
家庭劳动力数量	—	0.023	0.003
	—	(0.033)	(0.005)

变量名称	模型 I	模型 II	边际效应
	城乡比较视角下农户经济相对贫困	城乡比较视角下农户经济相对贫困	城乡比较视角下农户经济相对贫困
承包地面积	—	-0.062^{***}	-0.010^{***}
	—	(0.008)	(0.001)
存款余额	—	-0.437^{***}	-0.073^{***}
	—	(0.054)	(0.008)
村庄地形	—	-0.800^{***}	-0.135^{***}
	—	(0.191)	(0.031)
村庄交通条件		0.010	0.001
		(0.052)	(0.008)
村庄经济发展水平	—	-0.171^{**}	-0.028^{**}
	—	(0.070)	(0.011)
离镇中心距离	—	0.0002	0.001
	—	(0.014)	(0.002)
离县城距离	—	0.004	0.001
	—	(0.004)	(0.001)
地区	控制	控制	控制
伪 R2	0.015	0.077	—
样本量	2750	2750	2750

第四节 本章小结

本章基于 2750 份河南省农户问卷调查数据，运用 Logit 模型，实证检验农机社会化服务采纳对城乡比较视角下农户经济相对贫困的影响，并通过替代核心自变量和变更样本的方法进行稳健性检验，运用 PSM 模型和 ERM 模型进行内生性讨论，通过中介效应模型对其作用机制进行验证，同时考虑了个体特征和家庭特征以及区域特征下农机社会化服务采纳对城乡比较视角下农户经济相对贫困的异质性影响，最后进一步讨论了农机社会化服务采纳程度和农机社会化服务供给主体对城乡比较视角下农户经济相对贫困的影响。

结果表明，首先，从整体来看，农机社会化服务采纳对城乡比较视角下农户经济相对贫困具有显著负向影响，有利于缓解城乡比较视角下农户经济相对贫困；从缓解程度看，在其他控制变量不变的情形下，采纳农机社会化服务的农户的相对贫困发生概率会减少 23.8%，分别通过替换核心自变量和变更样本两种方法进行的稳健性检验结果均支持这一结论，考虑自选择偏差和互为因果的内生性问题后，结论仍具有一致性。进一步的机制验证发现，农机社会化服务采纳通过提升农业生产效率、劳动力配置效率和要素交易效率，缓解城乡比较视角下农户经济相对贫困，其中农业生产效率的中介效应占比为 69.33%，劳动力配置效率的中介效应占比为 2.64%，要素交易效率的中介效应占比为 27.79%。

其次，异质性分析结果表明，农机社会化服务采纳对城乡比较视角下农户经济相对贫困的影响在个体特征下存在异质性，而在家庭特征和区域特征下不具有异质性。相比户主为非党员，户主为党员的情形下，农机社会化服务采纳对城乡比较视角下农户经济相对贫困的缓解效应更明显。

最后，进一步讨论发现农机社会化服务采纳程度对城乡比较视角下农户经济相对贫困具有显著负向影响，农机社会化服务采纳程度越高，越能缓解农户经济相对贫困；从缓解程度看，在其他控制变量不变的情形下，农机社会化服务采纳程度每增加一个单位，会使得城乡比较视角下农户经济相对贫困的发生概率减少9.9%。农机社会化服务供给主体对城乡比较视角下农户经济相对贫困具有显著负向影响，农机社会化服务由服务组织提供更能缓解城乡比较视角下农户经济相对贫困；从缓解程度看，在其他控制变量不变的情形下，相比农机社会化服务由农机户提供，由农机社会化服务组织提供会使得城乡比较视角下农户经济相对贫困的发生概率减少7.1%。

第六章

农村内部比较视角下农户经济相对贫困 缓解效应实证检验

第一节 研究假说

基于前文的理论分析可知，在农村内部比较视角下，农机社会化服务采纳通过缩小农户间劳动力禀赋差异、土地禀赋差异以及技术禀赋差异，减少农户间的农业经营性收入和工资性收入差距，进而缓解农户经济相对贫困。本章将通过梳理总结，基于"农机社会化服务采纳—禀赋差异缩小—农户经济相对贫困缓解"的逻辑思路，进一步阐述在农村内部比较视角下，农机社会化服务采纳对农户经济相对贫困的影响及其机制，并提出研究假说。

农户间的禀赋差异是导致其收入差距较大的重要原因（黄祖辉等，2005），而农机社会化服务的引入改变了传统农业生产方式，进一步放松了土地、劳动力禀赋对于农业生产的约束，同时其作为技术进步的结果，可能会影响农户技术禀赋，并最终转化为对农户收入的影响。首先，农机社会化服务采纳通过缩小劳动力禀赋差异，减少农户间的农业经营性收入和工资性收入差距，缓解经济相对贫困。农户的劳动力禀赋会对其农业经营性收入和工资性收入产生重要影响。原先农业生产由农户自身完成，因而农户的体力、经验积累、健康状况、年龄、文化程度等劳动力禀赋对农业经营性收入具有重要作用，而采纳农机社会化服务后，标准化的机械作业逐渐替代了差异化的人工作业，农户的劳动力禀赋对于农业生产的重要性不断下降。对于具有弱劳动力禀赋的农户而言，其通过采纳农机社会化服务，缩小了与强劳动力禀赋的农户间的差异，进而减少了两者间的农业经营性收入差距。同时，农机社会化服务对劳动力的替代，使得劳动力数量少的农户家庭能够兼顾农业生产和非农就业，增加工资性收入，缩小与其他农户家庭的收入差距，从而缓解经济相对贫困。

其次，农机社会化服务采纳通过缩小土地禀赋差异，减少农户间的农业经营性收入差距，缓解经济相对贫困。农户间的土地禀赋会影响其农业经营性收入差距，进而影响相对贫困状况。地块间的灌溉条件、交通便利性等土地禀赋会对农业经营性收入产生影响。随着雇工成本的上升，农户对农机社会化服务的需求日益增加，而农机作业对农田基础设施状况存在一定的要求，因而农机社会化服务会促进农户改善机耕路、灌溉条件等农田基础设施（刘相汝、李容，2020），从而缩小农户间的土地禀赋差异。同时，农机社会化服务能够减少土地抛荒和粗放经营等现象，改善小农户的田间管理水平，实现专业化生产，缩小由于经营管理水平导致的土地禀赋差异，降低农户间的农业经营性收入差距。另外，种植结构是导致农村收入不平等的重要因素（万广华等，2005）。农机社会化服务具有空间溢出效应，会促进农业生产布局的连片化（张露、罗必良，2018），使得区域内种植结构趋同，从而缩小种植结构导致的土地禀赋差异，减少农业经营性收入差距，缓解经济相对贫困。

最后，农机社会化服务采纳通过缩小技术禀赋差异，减少农户间的农业经营性收入差距，缓解经济相对贫困。农业机械对于农地经营规模和资金具有一定的要求。小农户通常受农地经营规模和资金的约束，导致其难以获取农业机械，由此造成与规模户的技术禀赋差距，进而扩大农业经营性收入差距。而农机社会化服务的购买成本较低，同时能够适应小规模农地作业，使得小农户能够较为容易地获取农业机械，缩小与规模户间的技术禀赋，减少农业经营性收入差距。同时，农机社会化服务能够直接将先进的生产技术嵌入其作业过程，避免了直接技术推广的难题（胡祎、张正河，2018），使得农户间的种植技术趋向一致，缩小其技术禀赋差异，进而减少农业经营性收入差距，缓解经济相对贫困。

由此，构建农村内部比较视角下，农机社会化服务采纳缓解农户经济相对贫困的作用机制图（见图6-1），并提出研究假说3和研究假说4：

H3：农机社会化服务采纳有利于缓解农村内部比较视角下农户经济相对贫困。

H4：农机社会化服务采纳通过缩小劳动力禀赋差异、土地禀赋差异和技术禀赋差异，缓解农村内部比较视角下农户经济相对贫困。

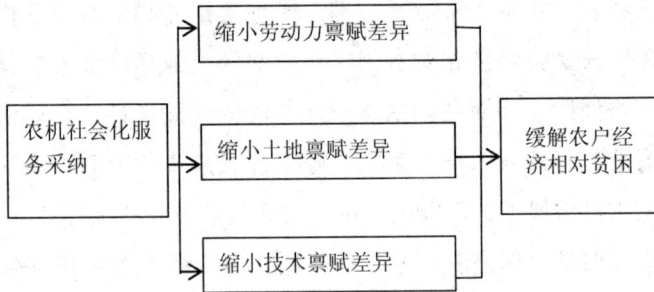

图6-1 农机社会化服务采纳缓解农村内部比较视角下农户经济相对贫困的作用机制

第二节 变量选择与模型构建

一、变量选择

（1）因变量。本章重点考察农村内部比较视角下农户经济相对贫困状况，参考陈宗胜等（2013）和罗明忠和邱海兰（2021）对农户相对贫困标准的界定，以2016年农户家庭人均收入水平进行衡量，低于所在县农村居民人均可支配收入的50%即视为相对贫困。

（2）核心自变量。本章的目的在于分析农机社会化服务采纳对农村内部比较视角下农户经济相对贫困的影响。受劳动力短缺的影响，农户对农机社会化服务的采纳行为集中在整地和收割等劳动力密集型环节（邱海兰、唐超，2019）。因此，选取整地或收割环节是否采纳农机社会化服务对农机社会化服务采纳进行刻画。

（3）中介变量。劳动收入是造成农村居民收入差距的主要来源（柏培文、李相霖，2020）。基于前文理论分析可知，农村老龄群体由于劳动力禀赋较弱，容易陷入经济相对贫困。而老龄化农户采纳农机社会化服务能够抵消劳动力质量下降对农业生产的负面影响（彭柳林等，2019），同时能够进一步增加其非农劳动时间，使其兼顾农业经营性收入和工资性收入增长，缓解经济相对贫困状态。因此，本章选取老龄劳动力是否兼业作为劳动力禀赋差异缩小的代理变量进行机制验证。

地块间存在灌溉条件、交通可达性以及平整度等自然禀赋差异，而农地禀赋对农户经营性收入具有显著影响（罗明忠、陈江华，2016），进而可能影响农村内部比较视角下农户经济相对贫困。农机社会化服务能够促进基本农田设施建设，缩小土地禀赋差异进而缓解农村内部比较视角下农户经济相对贫困。因此，本章选取是否进行机耕路、灌溉设施或土地改良等投资作为土地禀赋差异缩小的代理变量进行机制验证。

农户技术选择会对其农业经营性收入产生影响（王静、霍学喜，2015），进而可能影响农村内部比较视角下农户经济相对贫困状况。新种子、新化肥以及新农药等技术差异会导致农业生产效率存在差距，进而扩大农户间的收入不平等，加剧农村内部比较视角下农户经济相对贫困。而农机社会化服务能够将先进技术直接嵌入生产过程，避开直接技术推广的难题（胡祎、张正河，2018），缩小农户间技术禀赋差异，缓解农村内部比较视角下农户经济相对贫困。因此，本章选取是否较早使用新种子、新化肥以及新农药等作为技术禀赋差异缩小的代理变量进行机制验证。

（4）控制变量。基于已有的数据指标并参考蔡亚庆等（2016）和单德朋、余港（2020）的研究，本章选取户主是否村干部、是否党员来刻画农户的个体特征；选取家庭劳动力数量、承包地面积以及存款余额来反映家庭特征；选取所在村庄地形、村庄交通条件、经济发展水平以及离镇中心和县城的距离来反映区域特征。

所有变量描述性统计结果见表 6-1。可见，农村内部比较视角下农户经济相对贫困问题较为突出，贫困发生率为 37.5%。在人均可支配收入 50% 的相对贫困标准下，超过三分之一的农村居民处于经济相对贫困状态，不利于农村经济长期发展和社会稳定。农机社会化服务已经成为农业生产不可或缺的部分，采纳率达到了 87.3%。中介变量中，劳动力禀赋差异缩小的概率是 11.8%，土地禀赋差异缩小的概率是 7.7%，技术禀赋差异缩小的概率是 45.8%，表明劳动力禀赋差异缩小和技术禀赋差异缩小的可能性较大。控制变量中，农户政治资本普遍较低，党员和村干部的比例分别仅为 8.2% 和 5.4%；家庭劳动力不足 3 人，承包地面积均值略超 8 亩，存款余额基本未超过 5 万元；所在村庄以平原地形为主，交通和经济条件一般，多数离城镇较近。

表 6-1　变量定义、测度与描述性统计分析

变量类型	变量名称	变量测度	平均值	标准偏差
因变量	农村内部比较视角下农户经济相对贫困	2016 年农户家庭人均收入低于所在县农村居民人均可支配收入的 50% 视为相对贫困，赋值为 1；否则赋值为 0	0.375	0.484
核心自变量	农机社会化服务采纳	整地或收割环节是否采纳农机社会化服务，否=0，是=1	0.873	0.332
中介变量	劳动力禀赋差异缩小	老龄劳动力是否兼业，否=0，是=1	0.118	0.322
	土地禀赋差异缩小	是否进行机耕路、灌溉设施或土地改良等投资，否=0，是=1	0.077	0.267
	技术禀赋差异缩小	是否较早使用新种子、新化肥以及新农药等，否=0，是=1	0.458	0.498
控制变量	是否党员	否=0，是=1	0.082	0.275
	是否村干部	否=0，是=1	0.054	0.227
	家庭劳动力数量	人	2.849	1.441
	承包地面积	亩	8.316	5.950
	存款余额	无=0；1 万元及以下=1；1 万~5 万元=2；5 万~10 万元=3；10 万元以上=4	1.557	0.824

续表

变量类型	变量名称	变量测度	平均值	标准偏差
控制变量	村庄地形	1＝山区；2＝丘陵；3＝平原	2.892	0.330
	村庄交通条件	1＝很差；2＝较差；3＝一般；4＝较好；5＝很好	3.146	0.927
	村庄经济发展水平	1＝很差；2＝较差；3＝一般；4＝较好；5＝很好	2.872	0.698
	离镇中心距离	公里	4.115	3.401
	离县城距离	公里	20.796	12.052

同时，通过对样本农户的收入进行分析发现，其收入来源以农业经营性收入和工资性收入为主，在家庭总收入中的平均占比分别为 43.39% 和 39.43%。进一步区分相对贫困户和非相对贫困户后发现，相对贫困户的农业经营性收入平均为 6166.3 元，工资性收入平均为 5022.5 元；而非相对贫困户的农业经营性收入平均为 15701.3 元，工资性收入平均为 24540.2 元，非相对贫困户的农业经营性收入和工资性收入普遍高于相对贫困户。可见，农业经营性收入差距和工资性收入差距共同构成农村收入差距的主要来源，缩小农业经营性收入差距和工资性收入差距均有助于缓解农村内部比较视角下农户经济相对贫困。

另外，通过对农机社会化服务采纳与农村内部比较视角下农户经济相对贫困进行交叉分析发现，未采纳农机社会化服务的农户为 349 个，占比 12.7%，其农村内部比较视角下农户经济相对贫困的发生概率为 0.541；采纳农机社会化服务的农户为 2401 个，占比为 87.3%，其农村内部比较视角下农户经济相对贫困的发生概率为 0.351。可见，农机社会化服务采纳与农村内部比较视角下农户经济相对贫困呈现负相关关系，表明农机社会化服务采纳可能降低了农村内部比较视角下农户经济相对贫困的发生概率。

二、模型构建

为避免重复，模型构建与第五章中的模型构建一致，相应变量见第六章的变量选择。

第三节　模型估计结果与分析

本章旨在探讨农机社会化服务采纳对农村内部比较视角下农户经济相对贫困的影响及其机制。首先，通过基准回归检验，考察农机社会化服务采纳对农村内部比较视角下农户经济相对贫困的影响，以验证研究假说3是否成立，并进行稳健性检验和内生性讨论，确保研究结论具有稳健性。其次，进行中介机制检验，考察农机社会化服务采纳对农村内部比较视角下农户经济相对贫困的影响机制，以验证研究假说4是否成立。最后，进行个体特征、家庭特征以及区域特征的异质性分析，并进一步讨论农机社会化服务采纳程度和农机社会化服务供给主体对农村内部比较视角下农户经济相对贫困的影响。

一、基准回归结果

表6-2的模型Ⅰ、Ⅱ报告了农机社会化服务采纳对农村内部比较视角下农户经济相对贫困影响的估计结果。结果表明，农机社会化服务采纳对农村内部比较视角下农户经济相对贫困具有显著负向影响，有利于缓解农村内部比较视角下农户经济相对贫困，研究假说3得到验证。从缓解程度看，在其他控制变量不变的情形下，采纳农机社会化服务的农户的相对贫困发生率会减少11.5%。究其可能原因，是因为农机社会化服务采纳有利于降低农户间的劳动力、土地和技术禀赋差异，缩小了农户间收入差距，促进农村内部比较视角下农户经济相对贫困缓解。首先，农户间收入差距主要体现在农业经营性收入和工资性收入上，而造成这两类收入差距的源头主要在于农户间的劳动力、土地和技术禀赋差异。农机社会化服务的引入，释放了农户劳动力数量和质量约束，降低了农户家庭劳动力禀赋对于农业生产的重要性，使"弱者种田"成为可能，增加了这类农户的农业经营性收入，也让弱劳动力禀赋

农户在兼顾农业生产获得农业收入的同时，能够剥离出一定的时间从事非农就业，获得工资性收入，进而缩小与强劳动力禀赋农户的收入差距，减缓经济相对贫困。其次，农机社会化服务降低了农户间土地禀赋差异，缩小了农户间农业经营性收入差距。一方面，农机社会化服务通过促进农田基础设施建设，进而缩小土地禀赋差异，缓解农村内部比较视角下农户经济相对贫困；另一方面，农机社会化服务代表的农业纵向分工会诱导横向分工，促进区域性种植结构单一化，减小种植结构差异带来的农户间农业经营性收入差距。最后，农机社会化服务使得经营规模小、资本约束强的农户也能够获得农业机械以及新种子、新化肥和新农药等技术，缩减其与经营规模大、资本约束弱的农户的技术禀赋差异，进而缩小农户间的农业经营性收入差距，促进农村内部比较视角下农户经济相对贫困缓解。对此，将在后文中介机制检验中进一步予以实证。

控制变量中，是否村干部、承包地面积、存款余额、村庄地形和村庄经济发展水平、离镇中心距离对农村内部比较视角下农户经济相对贫困均有显著负向影响，村庄交通条件、离县城距离对农村内部比较视角下农户经济相对贫困具有显著正向影响。可见，户主为村干部的农户，其社会资本较强，经济水平较高，陷入经济相对贫困的可能性更低。承包地面积更多的农户，一方面，可以通过规模化种植，获得规模经济收益；另一方面，能够分散化种植，通过种植结构的多样化降低经营风险，其陷入经济相对贫困的概率更低。家庭存款余额不仅表明其现有的经济水平，同时也显示出农户未来增收的可能性。家庭存款多的农户，经济水平通常处于较高层次，其陷入经济相对贫困的可能性更低。村庄地形为平原的地区更适合农业种植，农户农业经营性收入较高，同时经济发展水平较高的村庄，农户普遍收入水平处于相对贫困线之上。离县城距离越远，农户受县城经济辐射的影响越弱，其增收的机会越低，越容易陷入经济相对贫困。

表6-2　农机社会化服务采纳对农村内部比较视角下农户经济相对贫困的回归结果

变量名称	模型Ⅰ	模型Ⅱ	边际效应
	农村内部比较视角下农户经济相对贫困	农村内部比较视角下农户经济相对贫困	农村内部比较视角下农户经济相对贫困
农机社会化服务采纳	−0.778***	−0.551***	−0.115***
	(0.115)	(0.123)	(0.025)
是否党员	—	−0.075	−0.015
	—	(0.176)	(0.036)
是否村干部	—	−0.421*	−0.087*
	—	(0.222)	(0.046)
家庭劳动力数量	—	−0.040	−0.008
	—	(0.029)	(0.006)
承包地面积	—	−0.070***	−0.014***
	—	(0.008)	(0.001)
存款余额	—	−0.515***	−0.107***
	—	(0.057)	(0.011)
村庄地形	—	−0.769***	−0.160***
	—	(0.130)	(0.026)
村庄交通条件	—	0.087*	0.018*
	—	(0.047)	(0.009)
村庄经济发展水平	—	−0.232***	−0.048***
	—	(0.062)	(0.012)
离镇中心距离	—	−0.036**	−0.007**
	—	(0.014)	(0.002)

续表

变量名称	模型 I	模型 II	边际效应
	农村内部比较视角下农户经济相对贫困	农村内部比较视角下农户经济相对贫困	农村内部比较视角下农户经济相对贫困
离县城距离	—	0.007*	0.001*
	—	(0.003)	(0.0007)
地区	控制	控制	控制
伪 R2	0.012	0.088	——
样本量	2750	2750	2750

注：*、**和***分别表示在10%、5%和1%统计水平上显著，括号内为标准误，下同。

二、共线性检验

考虑到前文回归结果可能存在多重共线性问题，如是否党员与是否村干部、家庭劳动力数量与承包地面积及存款余额之间可能存在共线性问题，为此本章进一步对前文回归结果进行共线性检验（见表6-3）。结果表明，VIF最大为1.29，远低于10，故上述回归结果不存在多重共线性问题，结论较为可靠。

表6-3　共线性检验

变量名称	VIF	1/VIF
农机社会化服务采纳	1.03	0.969121
是否党员	1.28	0.778386
是否村干部	1.29	0.774488
家庭劳动力数量	1.05	0.952392
承包地面积	1.24	0.804488
存款余额	1.05	0.955276

续表

变量名称	VIF	1/VIF
村庄地形	1.05	0.949439
村庄交通条件	1.08	0.922462
村庄经济发展水平	1.08	0.927732
离镇中心距离	1.19	0.841187
离县城距离	1.14	0.876699
Mean VIF	1.14	

三、稳健性检验

（1）替换核心自变量。为考察前文回归结果是否具有稳健性，本章将核心自变量进行了替换，并重新回归。本章将收割环节的农机社会化服务采纳作为替代变量进行稳健性检验，结果如表6-4所示。结果表明，收割服务采纳对农村内部比较视角下农户经济相对贫困具有显著负向影响，缓解了农村内部比较视角下农户经济相对贫困，同时其他控制变量的估计结果也与前文一致。可见，以收割服务采纳作为替代变量后，上述研究结论仍然成立。因而，本章研究结论具有稳健性。

表6-4　农机社会化服务采纳对农村内部比较视角下农户经济相对贫困的稳健性回归结果
（替换核心自变量）

变量名称	模型I	模型II	边际效应
	农村内部比较视角下农户经济相对贫困	农村内部比较视角下农户经济相对贫困	农村内部比较视角下农户经济相对贫困
收割服务采纳	−0.718***	−0.531***	−0.111***
	(0.108)	(0.116)	(0.023)
是否党员	—	−0.071	−0.015
	—	(0.176)	(0.036)

续表

变量名称	模型 I	模型 II	边际效应
	农村内部比较视角下农户经济相对贫困	农村内部比较视角下农户经济相对贫困	农村内部比较视角下农户经济相对贫困
是否村干部	—	−0.421*	−0.087*
	—	(0.222)	(0.046)
家庭劳动力数量	—	−0.040	−0.008
	—	(0.029)	(0.006)
承包地面积	—	−0.071***	−0.014***
	—	(0.008)	(0.001)
存款余额	—	−0.518***	−0.108***
	—	(0.057)	(0.011)
村庄地形	—	−0.748***	−0.156***
	—	(0.130)	(0.026)
村庄交通条件	—	0.087*	0.018*
	—	(0.047)	(0.009)
村庄经济发展水平	—	−0.234***	−0.048***
	—	(0.062)	(0.012)
离镇中心距离	—	−0.036***	−0.007***
	—	(0.014)	(0.002)
离县城距离	—	0.007*	0.001*
	—	(0.003)	(0.0007)
地区	控制	控制	控制
伪 R2	0.012	0.089	—

续表

变量名称	模型 I	模型 II	边际效应
	农村内部比较视角下农户经济相对贫困	农村内部比较视角下农户经济相对贫困	农村内部比较视角下农户经济相对贫困
样本量	2750	2750	2750

（2）变更样本。为进一步考察基准回归结果是否具有稳健性，下文采用变更样本的方式进行重新回归，仍然以课题组 2018 年对广东省韶关市新丰县的 756 份农户调查数据为样本展开研究。变量定义、测度与描述性统计分析如表 6-5 所示。由表 6-5 可知，农村内部比较视角下农户经济相对贫困的发生率为 19.4%，在人均可支配收入 50% 的相对贫困标准下，将近 20% 的农村居民处于经济相对贫困状态，不利于农村经济长期发展和社会稳定。核心解释变量和控制变量分析结果与表 5-5 一致。

表 6-5　变量定义、测度与描述性统计分析

变量类型	变量名称	变量测度	平均值	标准偏差
因变量	农村内部比较视角下农户经济相对贫困	2017 年农户家庭人均收入低于所在县农村居民人均可支配收入的 50% 视为相对贫困，赋值为 1；否则赋值为 0	0.194	0.396
核心自变量	农机社会化服务采纳	整地或收割环节是否采纳农机社会化服务，否=0，是=1	0.585	0.492
控制变量	是否党员	否=0，是=1	0.123	0.328
	是否村干部	否=0，是=1	0.084	0.278
	家庭劳动力数量	人	1.498	1.303
	承包地面积	亩	6.705	51.215

变量类型	变量名称	变量测度	平均值	标准偏差
控制变量	存款余额	无=0；1 万元及以下=1；1 万~5 万元=2；5 万~10 万元=3；10 万元以上=4	1.089	0.993
	村庄地形	1=山区；2=丘陵；3=盆地；4=高原；5=平原	1.451	0.533
	村庄交通条件	去镇里是否有公交，否=0，是=1	0.395	0.489
	村庄经济发展水平	村经济条件与邻村相比，较差=0，差不多=1，较好=2	1.944	0.482
	离镇中心距离	公里	7.919	8.235
	离县城距离	公里	33.291	20.838

农机社会化服务采纳对农村内部比较视角下农户经济相对贫困的稳健性回归结果如表6-6所示。由表6-6可知，农机社会化服务采纳对农村内部比较视角下农户经济相对贫困仍具有显著负向影响，在不同样本下农机社会化服务采纳均能发挥减贫作用，同时其他控制变量的估计结果基本也与前文一致。因而，上述研究结论具备稳健性。

表6-6　农机社会化服务采纳对农村内部比较视角下农户经济相对贫困的稳健性回归结果（变更样本）

变量名称	模型 I 农村内部比较视角下农户经济相对贫困	模型 II 农村内部比较视角下农户经济相对贫困	边际效应 农村内部比较视角下农户经济相对贫困
农机社会化服务采纳	-3.304***	-3.121***	-0.331***
	(0.314)	(0.327)	(0.027)
是否党员	—	0.352	0.037
	—	(0.435)	(0.046)

变量名称	模型 I	模型 II	边际效应
	农村内部比较视角下农户经济相对贫困	农村内部比较视角下农户经济相对贫困	农村内部比较视角下农户经济相对贫困
是否村干部	—	−2.479**	−0.263**
	—	(1.076)	(0.113)
家庭劳动力数量	—	−0.125	−0.013
	—	(0.094)	(0.009)
承包地面积	—	0.005	0.001
	—	(0.009)	(0.001)
存款余额	—	−0.530***	−0.056***
	—	(0.149)	(0.015)
村庄地形	—	0.263	0.027
	—	(0.219)	(0.023)
村庄交通条件	—	−0.036	−0.003
	—	(0.272)	(0.028)
村庄经济发展水平	—	−0.308	−0.032
	—	(0.225)	(0.023)
离镇中心距离	—	−0.005	−0.001
	—	(0.016)	(0.001)
离县城距离	—	0.010	0.001
	—	(0.006)	(0.001)
地区	控制	控制	控制
伪 R2	0.277	0.333	—
样本量	756	756	756

四、内生性讨论

前文基准回归探讨了农机社会化服务采纳对农村内部比较视角下农户经济相对贫困的影响，但未考虑农机社会化服务采纳与农村内部比较视角下农户经济相对贫困可能存在内生性问题，导致估计结果可能有偏。因而，下文将对其内生性问题进行探讨，以确保研究结论的可靠性。

（1）自选择偏差。表6-7为采取倾向得分匹配法（PSM）中最近邻匹配法、马氏匹配法和核匹配法的估计结果。结果表明，农机社会化服务采纳对农村内部比较视角下农户经济相对贫困具有显著负向影响，缓解了农村内部比较视角下农户经济相对贫困。可见，倾向得分匹配的估计结果与前文基本一致，研究结论具有稳健性。

表6-7　农机社会化服务采纳对农村内部比较视角下农户经济相对贫困的 PSM 估计结果

	匹配方法	实验组	控制组	ATT	标准误	T 值
农机社会化服务采纳	最近邻匹配法	0.351	0.480	−0.129***	0.041	−3.11
	马氏匹配法	0.351	0.518	−0.167***	0.032	−5.21
	核匹配法	0.351	0.477	−0.126***	0.031	−4.01

为考察倾向得分匹配结果是否较好地平衡了数据，需要进行平衡性检验。以马氏匹配法为例，检验结果显示，与匹配前相比，多数变量的标准化偏差得到缩小，匹配后其标准化偏差率小于10%；同时多数变量t检验的结果不拒绝实验组和控制组无系统差异的原假设。因而，倾向得分匹配结果通过了平衡性检验。

表6-8　马氏匹配法平衡性检验

控制变量	匹配前均值		匹配后均值		偏差率（%）		匹配后 T 检验	
	实验组	控制组	实验组	控制组	匹配前	匹配后	t 值	P > t
是否党员	0.085	0.060	0.085	0.076	9.9	3.5	1.17	0.243

控制变量	匹配前均值		匹配后均值		偏差率（%）		匹配后 T 检验	
	实验组	控制组	实验组	控制组	匹配前	匹配后	t 值	P > t
是否村干部	0.057	0.040	0.056	0.054	7.9	1.0	0.31	0.753
家庭劳动力数量	2.893	2.547	2.893	2.868	23.3	1.7	0.59	0.552
承包地面积	8.643	6.070	8.579	8.702	46.4	-2.2	-0.69	0.492
存款余额	1.572	1.449	1.572	1.587	15.4	-1.9	-0.63	0.529
村庄地形	2.899	2.845	2.900	2.926	15.1	-7.2	-3.05	0.002
村庄交通条件	3.159	3.063	3.159	3.132	10.2	2.8	0.95	0.344
村庄经济发展水平	2.878	2.833	2.878	2.869	6.1	1.2	0.40	0.688
离镇中心距离	4.189	3.602	4.186	3.984	18.3	6.3	2.04	0.041
离县城距离	20.958	19.684	20.946	20.594	10.8	3.0	1.02	0.308

（2）互为因果。本章旨在探讨农机社会化服务采纳对农村内部比较视角下农户经济相对贫困的影响，而农机社会化服务采纳与农村内部比较视角下农户经济相对贫困之间可能存在互为因果的内生性问题。本章仍然采用IVProbit 模型和 ERM（Extended Regression Model）模型进行估计（表 6-9）。同时选择收割服务对农机社会化服务进行刻画，并参考黄枫、孙世龙（2015）的研究，以除该农户外本村其他农户的收割服务平均采纳率作为工具变量。由于存在"羊群效应"，村庄其他农户的收割服务采纳会直接影响该农户的收割服务采纳，进而影响其经济相对贫困状况，因此村庄其他农户的收割服务采纳与该农户的收割服务采纳存在一定的相关性，同时，村庄其他农户的收割服务采纳不会对该农户的经济相对贫困产生直接影响，较好地保证了工具变量的外生性。因此，从理论上而言，将这一变量作为工具变量的选择具有

合理性。

本章通过 IVProbit 模型对工具变量进行了弱工具变量检验，第一阶段回归结果显示工具变量对农机社会化服务采纳在 1% 的显著性水平上存在正向影响，且联合显著性检验的 F 值大于 10（Stock and Watson，2012），表明不存在弱工具变量的问题（胡新艳等，2020）。从表 6-9 中 IVProbit 模型第二阶段回归结果的 Wald 内生性检验结果的显著性和 ERM 模型方程误差项相关的显著性可以看出，农机社会化服务采纳与农村内部比较视角下农户经济相对贫困不存在内生性问题，前文回归结论具有可靠性，在引入工具变量后，农机社会化服务采纳对农村内部比较视角下农户经济相对贫困仍具有负向影响。

表 6-9　农机社会化服务采纳对农村内部比较视角下农户经济相对贫困的
IVProbit 和 ERM 回归结果

变量名称	IVProbit		ERM
	第一阶段回归	第二阶段回归	农村内部比较视角下农户经济相对贫困
	农机社会化服务采纳	农村内部比较视角下农户经济相对贫困	
农机社会化服务采纳	—	-0.367	-0.211
	—	(0.236)	(0.241)
村庄其他农户的服务采纳率	0.710***	—	—
	(0.043)	—	—
是否党员	0.029	-0.047	-0.052
	(0.026)	(0.106)	(0.107)
是否村干部	0.027	-0.257*	-0.261**
	(0.031)	(0.131)	(0.131)
家庭劳动力数量	0.017***	-0.023	-0.025
	(0.004)	(0.018)	(0.018)

变量名称	IVProbit		ERM
	第一阶段回归	第二阶段回归	农村内部比较视角下农户经济相对贫困
	农机社会化服务采纳	农村内部比较视角下农户经济相对贫困	
承包地面积	0.003***	−0.040***	−0.041***
	(0.001)	(0.005)	(0.005)
存款余额	0.007	−0.308***	−0.310***
	(0.007)	(0.033)	(0.033)
村庄地形	0.031	−0.456***	−0.468***
	(0.019)	(0.080)	(0.079)
村庄交通条件	0.012*	0.051*	0.049*
	(0.007)	(0.028)	(0.029)
村庄经济发展水平	0.001	−0.143***	−0.144***
	(0.009)	(0.037)	(0.037)
离镇中心距离	−0.001	−0.022***	−0.023***
	(0.002)	(0.008)	(0.008)
离县城距离	−0.001	0.004*	0.004*
	(0.001)	(0.002)	(0.002)
Wald 检验	—	0.040	—
第一阶段 F 值	32.190	—	—
Corr	—	—	−0.068
	—	—	(0.137)
样本量	2750	2750	2750

五、机制验证

为检验农机社会化服务采纳对农村内部比较视角下农户经济相对贫困的作用机制，下文进行机制验证。基于前文理论分析可知，农机社会化服务采纳可能通过缩小劳动力禀赋、土地禀赋和技术禀赋差异，缓解农村内部比较视角下农户经济相对贫困。为此，采用中介效应法对上述作用机制进行验证，并选取整地服务对农机社会化服务进行刻画，检验结果如表6-10所示，农机社会化服务采纳通过缩小劳动力禀赋差异和技术禀赋差异，缓解农村内部比较视角下农户经济相对贫困，而缩小土地禀赋差异未通过显著性检验，研究假说4得到部分验证。

具体而言，首先，劳动力禀赋差异缩小在农机社会化服务采纳影响农村内部比较视角下农户经济相对贫困路径关系中的中介效应检验（模型Ⅰ、Ⅱ、Ⅲ）。由模型Ⅰ可知，农机社会化服务采纳对农村内部比较视角下农户经济相对贫困具有显著负向影响，有利于缓解农村内部比较视角下农户经济相对贫困；同时模型Ⅱ的结果显示农机社会化服务采纳对劳动力禀赋差异缩小具有显著正向影响，有利于促进劳动力禀赋差异缩小；另外模型Ⅲ的结果表明引入劳动力禀赋差异缩小这一变量后，农机社会化服务采纳对农村内部比较视角下农户经济相对贫困仍具有显著负向影响，且劳动力禀赋差异缩小对农村内部比较视角下农户经济相对贫困具有显著负向影响，影响系数 a_1b_1 与 c' 同符号（含义参见式6-3和式6-4，下同），依据前文模型构建中的中介效应检验步骤可知，劳动力禀赋差异缩小在农机社会化服务采纳影响农村内部比较视角下农户经济相对贫困的关系中起着部分中介作用，中介效应占总效应的比重为21.22%。

其次，土地禀赋差异缩小在农机社会化服务采纳影响农村内部比较视角下农户经济相对贫困路径关系中的中介效应检验（模型Ⅰ、Ⅳ、Ⅴ）。由模型Ⅳ可知，农机社会化服务采纳对土地禀赋差异缩小不具有显著影响。模型Ⅴ的结果表明引入土地禀赋差异缩小这一变量后，农机社会化服务采纳对农村内部比较视角下农户经济相对贫困仍具有显著负向影响，但土地禀赋差异缩小

表6-10 农机社会化服务采纳对农村内部比较视角下农户经济相对贫困的作用机制检验结果

变量名称	模型 I 农村内部比较视角下农户经济相对贫困	模型 II 劳动力禀赋差异缩小	模型 III 农村内部比较视角下农户经济相对贫困	模型 IV 土地禀赋差异缩小	模型 V 农村内部比较视角下农户经济相对贫困	模型 VI 技术禀赋差异缩小	模型 VII 农村内部比较视角下农户经济相对贫困
农机社会化服务采纳	-0.456***	0.268*	-0.447***	-0.245	-0.460***	0.206**	-0.449***
	(0.094)	(0.147)	(0.094)	(0.157)	(0.094)	(0.089)	(0.094)
劳动力禀赋差异缩小	—	—	-0.361***	—	—	—	—
	—	—	(0.137)	—	—	—	—
土地禀赋差异缩小	—	—	—	—	-0.234	—	—
	—	—	—	—	(0.160)	—	—
技术禀赋差异缩小	—	—	—	—	—	—	-0.163*
	—	—	—	—	—	—	(0.084)
控制变量				引入			
常数项	4.031***	-2.336***	4.072***	-1.976**	4.062***	-1.535***	4.056***
	(0.461)	(0.643)	(0.462)	(0.792)	(0.462)	(0.426)	(0.461)

续表

变量名称	模型 I	模型 II	模型 III	模型 IV	模型 V	模型 VI	模型 VII
	农村内部比较视角下农户经济相对贫困	劳动力禀赋差异缩小	农村内部比较视角下农户经济相对贫困	土地禀赋差异缩小	农村内部比较视角下农户经济相对贫困	技术禀赋差异缩小	农村内部比较视角下农户经济相对贫困
观测值	2750	2750	2750	2750	2750	2750	2750
伪 R2	0.089	0.021	0.091	0.009	0.090	0.016	0.090

对农村内部比较视角下农户经济相对贫困不具有显著影响。依据前文模型构建中的中介效应检验步骤进行 Bootstrap 法检验，检验结果表明土地禀赋差异缩小在农机社会化服务采纳影响农村内部比较视角下农户经济相对贫困的关系中不具有中介效应。究其可能的重要原因是，在家庭联产承包责任制下，土地均分，农机社会化服务采纳对农户土地禀赋的影响较小。

最后，技术禀赋差异缩小在农机社会化服务采纳影响农村内部比较视角下农户经济相对贫困路径关系中的中介效应检验（模型 I、VI、VII）。由模型 VI 可知，农机社会化服务采纳对技术禀赋差异缩小具有显著正向影响。模型 VII 的结果表明引入技术禀赋差异缩小这一变量后，农机社会化服务采纳对农村内部比较视角下农户经济相对贫困仍具有显著负向影响，同时技术禀赋差异缩小对农村内部比较视角下农户经济相对贫困具有显著负向影响，且影响系数 $a_1 b_1$ 与 c' 同符号，依据前文模型构建中的中介效应检验步骤可知，技术禀赋差异缩小在农机社会化服务采纳影响农村内部比较视角下农户经济相对贫困的关系中起着部分中介作用，中介效应占总效应的比重为 7.36%。

六、异质性分析

受个体特征、家庭特征以及区域特征的影响，农机社会化服务采纳对农村内部比较视角下农户经济相对贫困的作用可能具有异质性，需进一步探讨。表 6-11 报告了个体特征下，农机社会化服务采纳对农村内部比较视角下农户经济相对贫困的分组回归结果。从回归结果中可知，户主为非党员和非村干部条件下，农机社会化服务采纳对农村内部比较视角下农户经济相对贫困均具有显著负向影响，而户主为党员和村干部条件下，农机社会化服务采纳对农村内部比较视角下农户经济相对贫困不具有显著影响。但仅从直观比较中还不足以判断出农机社会化服务采纳对农村内部比较视角下农户经济相对贫困的影响系数存在显著差异。表 6-11 分组回归结果中的"经验 P 值"表明，农机社会化服务采纳对农村内部比较视角下农户经济相对贫困的影响系数在党员特征下存在显著差异，但在村干部特征下不存在显著差异。可见，农机社会化服务采纳对农村内部比较视角下农户经济相对贫困的影响在党员特征下具有异质性。相比户主为党员，在户主为非党员的情形下，农机社会化服务采纳的缓贫效果更强。可能的原因在于户主为非党员的农户家庭对农业经营的意愿更强,更依赖农机社会化服务改善收入水平。

表6-11 个体特征下农机社会化服务采纳对农村内部比较视角下农户经济相对贫困的分组回归结果

变量	党员		村干部	
	否	是	否	是
农机社会化服务采纳	−0.583***	0.086	−0.577***	−0.076
	(0.127)	(0.554)	(0.125)	(0.755)
控制变量	引入	引入	引入	引入
常量	3.843***	6.030***	4.047***	6.052***
	(0.481)	(1.915)	(0.483)	(2.273)
地区	控制	控制	控制	控制
伪 R2	0.083	0.191	0.084	0.271
样本量	2523	227	2599	151
经验 P 值	0.030**		0.190	

表6-12家庭特征下农机社会化服务采纳对农村内部比较视角下农户经济相对贫困的分组回归结果表明,家庭劳动力数量、承包地面积和存款余额条件下农机社会化服务采纳对农村内部比较视角下农户经济相对贫困均具有显著负向影响。从"经验P值"可知,农机社会化服务采纳对农村内部比较视角下农户经济相对贫困的影响在家庭劳动力数量、承包地面积特征下存在显著差异,而在存款余额特征下不存在显著差异,其家庭特征异质性较为明显。具体而言,相较于家庭劳动力数量多的农户,家庭劳动力数量少的农户采纳农机社会化服务对经济相对贫困的负向影响程度更高。原因可能在于,一般而言,相比家庭劳动力数量多的农户,家庭劳动力数量少的农户的劳动力禀赋更弱,其采纳农机社会化服务能够缩小与劳动力禀赋强的农户的收入差距,进而缓解农村内部比较视角下农户经济相对贫困;同时家庭劳动力数量多的

农户的劳动力禀赋更强,其陷入经济相对贫困的概率更低,因而农机社会化服务采纳对其经济相对贫困状况影响更小。相较于承包地面积小的农户,承包地面积大的农户采纳农机社会化服务对经济相对贫困的负向影响程度更高。原因可能在于承包地面积大的农户家庭收入水平更依赖于农业生产,其农村内部比较视角下经济相对贫困状况受农机社会化服务采纳的影响更大。

表6-13区域特征下农机社会化服务采纳对农村内部比较视角下农户经济相对贫困的分组回归结果表明,村庄地形、村庄经济发展水平和离县城距离条件下农机社会化服务采纳对农村内部比较视角下农户经济相对贫困均具有显著负向影响。从"经验P值"可知,农机社会化服务采纳对农村内部比较视角下农户经济相对贫困的影响在村庄地形下存在显著差异,而在村庄经济发展水平以及离县城距离特征下不存在显著差异,区域特征异质性较为明显。具体而言,相较于村庄地形为山区或丘陵的农户,村庄地形为平原的农户采纳农机社会化服务对经济相对贫困的负向影响程度更高。可能的原因在于平原地区更适宜开展机械作业,农机服务的增收效果更明显,因而农机社会化服务采纳对平原地区农村内部比较视角下农户经济相对贫困的影响更大。

七、进一步讨论

前文考察了农机社会化服务是否采纳对农村内部比较视角下农户经济相对贫困的影响,本章进一步讨论农机社会化服务采纳程度和服务供给主体对农村内部比较视角下农户经济相对贫困的影响,以更好地刻画农机社会化服务采纳对农村内部比较视角下农户经济相对贫困的影响。表6-14回归结果表明农机社会化服务采纳程度对农村内部比较视角下农户经济相对贫困具有显著负向影响。农机社会化服务程度越高,越能缓解农村内部比较视角下农户经济相对贫困。从缓解程度看,在其他控制变量不变的情形下,农机社会化服务采纳程度每增加一个单位,会使得农村内部比较视角下农户经济相对贫困的发生概率减少6.3%。可见,应进一步完善农机社会化服务体系,引导农户提高农机社会化服务采纳程度,以缓解农村内部比较视角下农户经济相对贫困。

表6-12　家庭特征下农机社会化服务采纳对农村内部比较视角下农户经济相对贫困的分组回归结果

变量	家庭劳动力数量		承包地面积		存款余额	
	低于或等于均值	高于均值	低于或等于均值	高于均值	低于或等于均值	高于均值
农机社会化服务采纳	-0.796***	-0.339**	-0.459***	-1.048***	-0.574***	-0.475**
	(0.184)	(0.172)	(0.139)	(0.254)	(0.150)	(0.217)
控制变量	引入	引入	引入	引入	引入	引入
常量	4.371***	3.718***	4.348***	2.669***	3.920***	2.376***
	(0.750)	(0.588)	(0.551)	(1.039)	(0.580)	(0.748)
地区	控制	控制	控制	控制	控制	控制
伪R2	0.114	0.076	0.069	0.057	0.075	0.048
样本量	1118	1632	1727	1023	1710	1040
经验P值	0.030**		0.030**		0.370	

表6-13　区域特征下农机社会化服务采纳对农村内部比较视角下农户经济相对贫困的分组回归结果

变量	村庄地形		村庄经济发展水平		离县城距离	
	山区/丘陵	平原	差/一般	好	低于或等于均值	高于均值
农机社会化服务采纳	-0.065	-0.637***	-0.639***	-0.179	-0.561***	-0.500**
	(0.357)	(0.131)	(0.134)	(0.337)	(0.157)	(0.201)
控制变量	引入	引入	引入	引入	引入	引入
常量	1.356	1.809***	3.592***	3.020**	3.962***	4.382***
	(0.905)	(0.294)	(0.470)	(1.394)	(0.626)	(0.671)
地区	控制	控制	控制	控制	控制	控制
伪R2	0.104	0.077	0.085	0.099	0.098	0.086
样本量	278	2472	2374	376	1594	1156
经验P值	0.050**		0.130		0.400	

130

表6-14 农机社会化服务采纳程度对农村内部比较视角下农户经济相对贫困的回归结果

变量名称	模型Ⅰ 农村内部比较视角下 农户经济相对贫困	模型Ⅱ 农村内部比较视角下 农户经济相对贫困	边际效应 农村内部比较视角下 农户经济相对贫困
农机社会化服务 采纳程度	-0.376***	-0.308***	-0.063***
	(0.055)	(0.058)	(0.011)
是否党员	—	-0.054	-0.011
	—	(0.177)	(0.036)
是否村干部	—	-0.434*	-0.090*
	—	(0.222)	(0.046)
家庭劳动力数量	—	-0.040	-0.008
	—	(0.029)	(0.006)
承包地面积	—	-0.071***	-0.014***
	—	(0.008)	(0.001)
存款余额	—	-0.515***	-0.107***
	—	(0.057)	(0.011)
村庄地形	—	-0.766***	-0.159***
	—	(0.130)	(0.026)
村庄交通条件	—	0.086*	0.018*
	—	(0.047)	(0.009)
村庄经济 发展水平	—	-0.232***	-0.048***
	—	(0.062)	(0.012)
离镇中心距离	—	-0.038***	-0.007***
	—	(0.014)	(0.002)

变量名称	模型 I	模型 II	边际效应
	农村内部比较视角下农户经济相对贫困	农村内部比较视角下农户经济相对贫困	农村内部比较视角下农户经济相对贫困
离县城距离	—	0.006*	0.001*
	—	(0.003)	(0.0007)
地区	控制	控制	控制
伪 R2	0.012	0.091	——
样本量	2750	2750	2750

表6-15农机社会化服务供给主体对农村内部比较视角下农户经济相对贫困的回归结果表明，农机社会化服务供给主体对农村内部比较视角下农户经济相对贫困具有显著负向影响。农机社会化服务由服务组织提供更能缓解农村内部比较视角下农户经济相对贫困。从缓解程度看，在其他控制变量不变的情形下，相比农机社会化服务由农机户提供，由农机社会化服务组织提供会使得农村内部比较视角下农户经济相对贫困的发生概率减少4.6%。原因可能在于，农机社会化服务组织具有服务规模化特征，其提供的农机社会化服务覆盖范围更广，能够更好地缩小区域内农户间的劳动力禀赋差异以及技术禀赋差异，缓解农村内部比较视角下农户经济相对贫困。可见，应进一步扶持农机社会化服务组织，做好农机社会化服务组织与农户的有效对接，以缓解农村内部比较视角下农户经济相对贫困。

表6-15　农机社会化服务供给主体对农村内部比较视角下农户经济相对贫困的回归结果

变量名称	模型 I	模型 II	边际效应
	农村内部比较视角下农户经济相对贫困	农村内部比较视角下农户经济相对贫困	农村内部比较视角下农户经济相对贫困
农机社会化服务供给主体	-0.299***	-0.223***	-0.046***
	(0.057)	(0.060)	(0.012)

续表

变量名称	模型 I	模型 II	边际效应
	农村内部比较视角下农户经济相对贫困	农村内部比较视角下农户经济相对贫困	农村内部比较视角下农户经济相对贫困
是否党员	—	-0.070	-0.014
	—	(0.176)	(0.036)
是否村干部	—	-0.427*	-0.089*
	—	(0.222)	(0.046)
家庭劳动力数量	—	-0.043	-0.009
	—	(0.029)	(0.006)
承包地面积	—	-0.071***	-0.015***
	—	(0.008)	(0.001)
存款余额	—	-0.518***	-0.108***
	—	(0.057)	(0.011)
村庄地形	—	-0.771***	-0.161***
	—	(0.130)	(0.026)
村庄交通条件	—	0.078*	0.016*
	—	(0.047)	(0.009)
村庄经济发展水平	—	-0.224***	-0.046***
	—	(0.062)	(0.012)
离镇中心距离	—	-0.039***	-0.008***
	—	(0.014)	(0.002)
离县城距离	—	0.006*	0.001*
	—	(0.003)	(0.0007)

变量名称	模型 I 农村内部比较视角下 农户经济相对贫困	模型 II 农村内部比较视角下 农户经济相对贫困	边际效应 农村内部比较视角下 农户经济相对贫困
地区	控制	控制	控制
伪 R2	0.007	0.087	——
样本量	2750	2750	2750

第四节　本章小结

本章基于 2750 份河南省农户问卷调查数据，运用 Logit 模型，实证检验农机社会化服务采纳对农村内部比较视角下农户经济相对贫困的影响，并通过替代核心自变量和变更样本的方法进行稳健性检验，运用 PSM 模型和 IVProbit 模型以及 ERM 模型进行内生性讨论，通过中介效应模型对其作用机制进行验证，同时考虑了个体特征和家庭特征以及区域特征下农机社会化服务采纳对农村内部比较视角下农户经济相对贫困的异质性影响，最后进一步讨论了农机社会化服务采纳程度和农机社会化服务供给主体对农村内部比较视角下农户经济相对贫困的影响。

结果表明，首先，从整体来看，农机社会化服务采纳对农村内部比较视角下农户经济相对贫困具有显著负向影响，有利于缓解农村内部比较视角下农户经济相对贫困；从缓解程度看，在其他控制变量不变的情形下，采纳农机社会化服务的农户的相对贫困发生概率会减少 11.5%，稳健性检验结果支持这一结论，考虑自选择偏差和互为因果的内生性问题后，结论仍具有一致性。进一步的机制验证发现，农机社会化服务采纳通过缩小劳动力禀赋差异和技术禀赋差异，缓解农村内部比较视角下农户经济相对贫困，其中劳动力禀赋差异缩小的中介效应占比为 21.22%，技术禀赋差异缩小的中介效应占比为 7.36%。

其次，异质性分析结果表明，农机社会化服务采纳对农村内部比较视角下农户经济相对贫困的影响在个体特征、家庭特征以及区域特征中存在异质性。具体而言，个体特征中，农机社会化服务采纳对农村内部比较视角下农户经济相对贫困的影响在党员特征下具有异质性，户主为非党员的情形下，农机社会化服务采纳对农村内部比较视角下农户经济相对贫困的缓解效应更明显。家庭特征中，农机社会化服务采纳对农村内部比较视角下农户经济相对贫困的影响在家庭劳动力数量特征和承包地面积特征下具有异质性，在家庭劳动力数量少的情形下，农机社会化服务采纳对农村内部比较视角下农户经济相对贫困的缓解效应更明显，同时在承包地面积大的情形下，农机社会化服务采纳对农村内部比较视角下农户经济相对贫困的缓解效应更明显。区域特征中，农机社会化服务采纳对农村内部比较视角下农户经济相对贫困的影响在村庄地形特征下具有异质性，在村庄地形为平原的情形下，农机社会化服务采纳对农村内部比较视角下农户经济相对贫困的缓解效应更明显。

最后，进一步讨论发现农机社会化服务采纳程度对农村内部比较视角下农户经济相对贫困具有显著负向影响，农机社会化服务采纳程度越高，越能缓解农村内部比较视角下农户经济相对贫困；从缓解程度看，在其他控制变量不变的情形下，农机社会化服务采纳程度每增加一个单位，会使得农村内部比较视角下农户经济相对贫困的发生概率减少6.3%。农机社会化服务供给主体对农村内部比较视角下农户经济相对贫困具有显著负向影响，农机社会化服务由服务组织提供更能缓解农村内部比较视角下农户经济相对贫困；从缓解程度看，在其他控制变量不变的情形下，相比农机社会化服务由农机户提供，由农机社会化服务组织提供会使得农村内部比较视角下农户经济相对贫困的发生概率减少4.6%。

第七章

农户多维相对贫困缓解效应实证检验

第一节　研究假说

基于前文的理论分析可知，农机社会化服务采纳通过促进效率提升和增加资本积累以及降低风险冲击，缓解农户多维相对贫困。本章将通过梳理总结，进一步阐述农机社会化服务采纳对农户多维相对贫困的影响及其机制，并提出研究假说。

阿玛蒂亚·森最早提出多维贫困概念，认为贫困的根源在于可行能力被剥夺，而不仅是收入匮乏。所谓可行能力，是指个体可能实现的、各种可能的功能性活动集合，其实现途径包括具备经济条件、社会机会、透明性保证、防护性保障等工具性自由（阿马蒂亚·森，2002）。农机社会化服务是社会分工的结果，而农户采纳农机社会化服务实现了社会分工向家庭分工的延伸，推动了家庭内部分工深化，进而促进了效率提升和资本积累增加，同时降低了风险冲击概率，缓解多维相对贫困。

首先，农机社会化服务采纳通过促进效率提升，增加农户农业经营性收入和工资性收入，改善其经济条件，缓解多维相对贫困。一方面，农机社会化服务对农业劳动力的替代，使得农户开始集中于优势生产环节，提高了个人专业化水平，从而改善农业生产效率。另一方面，农户采纳农机社会化服务使得农业生产加入了机械元素，增加了生产迂回程度，而机械作业效率普遍高于人工作业效率，从而改善农业生产效率。同时，农机社会化服务采纳通过提高个人专业化水平和生产迂回程度，促进劳动力配置效率提升，增加农户工资性收入，改善其经济条件，缓解多维相对贫困。一方面，采纳农机社会化服务后，一部分家庭劳动力能够专注于非农就业，提高其个人专业化水平，从而增加工资性收入。另一方面，农机社会化服务体系不断完善促进了农业生产链条的延长和新的农业生产部门出现，为农户进入农业产业就业创造了就业机会，增加了获取工资性收入的可能性。另外，农机社会化服务采纳通过增加中间产品种类数，促进要素交易效率提升，增加农户农业经营性收入，改善其经济条件，缓解多维相对贫困。一方面，随着农机社会化服务模式的不断创新，农户能够较为容易地获取农机这一生产要素。另一方面，农机社会化服务会将其他生产要素嵌入生产过程，使得农户也能够较为便利地获取其他生产要素，进而提升要素交易效率。

其次，农机社会化服务采纳通过增加人力资本积累和社会资本积累，改善农户经济条件，增强透明性保证和防护性保障，提高社会机会可获性，缓解多维相对贫困。一方面，农机社会化服务将劳动力从农业生产中释放出来，提高了农户参与技能培训的可能性（段培等，2017），同时改变了劳动力季节性流动的状态，通过提高非农就业稳定性，增加农户非农工作经验，促进人力资本积累增加。而人力资本积累增加有助于农户获得更高的工作待遇和工资性收入，从而改善其经济条件，增强透明性保证和防护性保障，缓解多维相对贫困。另一方面，农机社会化服务采纳促进了农户社会网络扩大，进而改善经济条件和提高社会机会可获性。农机社会化服务采纳加速了劳动力向非农产业流动，并在这一过程中扩大了农户社会网络，而社会网络扩大，有利于农户改善信息劣势，增加获取收入和发展的机会，缓解多维相对贫困。

最后，农机社会化服务采纳通过降低风险冲击，改善农户经济条件，缓解多维相对贫困。农机社会化服务能够有效降低自然风险冲击，减少自然灾害对农业生产的损害，稳定种植收入（俞福丽、蒋乃华，2015）。同时，农机社会化服务能够有效降低雇工风险冲击，减少雇工风险带来的收入受损，缓解相对贫困。农机社会化服务使得农业生产过程变得可计量，减少了监督费用（罗必良，2017），避免逆向选择现象发生（胡祎、张正河，2018）。此外，农机社会化服务采纳能够有效降低农机投资风险冲击，减少农机投资锁定带来的收入受损，缓解相对贫困。农业机械具有较高的资产专用性，对于小农户而言，其经营规模难以与农业机械的作业能力相匹配，投资农业机械容易陷入农机锁定风险和面临较高的沉淀成本。而农机社会化服务是农机的持有者和使用者相分离，使得农户采纳农机社会化服务不必承担农机锁定风险，同时能够以较低的成本获得农业机械作业，从而改善了农户经济条件，缓解多维相对贫困。

由此，构建农机社会化服务采纳缓解农户多维相对贫困的作用机制图（见图7-1），并提出研究假说5和研究假说6：

H5：农机社会化服务采纳有利于缓解农户多维相对贫困。

H6：农机社会化服务采纳通过促进效率提升和增加资本积累以及降低风险冲击，缓解农户多维相对贫困。

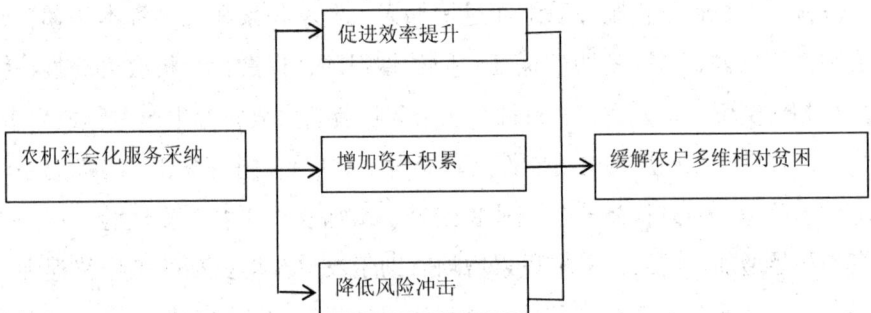

图7-1 农机社会化服务采纳缓解农户多维相对贫困的作用机制

第二节 变量选择与模型构建

一、变量选择

（1）因变量。以阿马蒂亚·森为代表的学者将多维贫困定义为人的基本可行能力的剥夺。本研究借鉴阿马蒂亚·森的思想，结合国内外学者对多维贫困指标构建与测算方法（Alkire and Foster，2011；王小林、冯贺霞，2020；罗明忠等，2020），并兼顾已有的调查数据，构建农户多维相对贫困的衡量指标体系（见表7-1），包括经济条件、社会机会、透明性保证、防护性保障、组织参与等维度。

经济条件指的是个体能够享有经济资源进行生产、交换以及消费等（刘杰等，2020），主要体现为收入水平，以人均可支配收入的50%作为界定标准；社会机会指的是人们获得基础教育、就业等方面的机会（刘杰等，2020），选取教育水平对获得基础教育的机会进行衡量，而社会信任和对新事物认知的态度会影响农户就业机会，因而也将其作为社会机会的衡量指标；透明性保证是指信息的明确和公开，保障交易活动有效进行（刘杰等，2020），劳动合同能够将农户非农就业的相关信息进行明确和公开，使就业活动有效开展，保证农户就业权益，因而选取劳动合同签订作为透明性保证的衡量指标；防护性保障是指社会基本保障，为个体提供社会安全网，包括医疗和养老等方面（曹少杰等，2020），因而选取医疗和养老保险购买对其进行测度；组织参与是保障农户收入和提升可行能力的重要途径，对贫困缓解具有重要作用（丁忠兵，2020），选取合作社参与对其进行衡量。

依据联合国开发计划署（UNDP）的等权重方法即贫困维度和维度内指标均等权

重划分①，经济条件、社会机会、透明性保证、防护性保障、组织参与5个维度的权重相等，均为1/5。在该指标体系中，如果有4个及以上的指标被剥夺则视为农户处于多维相对贫困状态。

---

① 在对贫困进行加总之前，一个关键问题在于各指标的权重选取。但是，迄今为止的相关理论研究中，如 Chowdhury and Squire（2006）、Decancq and Lugo（2008）等，对如何选用指标权重并未取得一致看法。相比之下，目前国内外相关研究的普遍做法是采取等权重方法（郭熙保、周强，2016）。同时，中国打赢脱贫攻坚战后，收入贫困问题得到显著缓解，其他维度的贫困问题逐渐凸显，采取等权重的方法能够使各维度贫困的测度结果具有可比性。

表7-1　农户多维相对贫困识别指标体系

体系	维度	指标	相对贫困剥夺临界判断标准
多维相对贫困识别指标体系	经济条件	收入水平	家庭人均收入低于所在县城镇居民人均可支配收入的50%视为相对贫困
	社会机会	教育水平	最高学历低于初中视为相对贫困
		社会信任	认为与自己打交道的人是不可信的视为相对贫困
			对村集体的信任打分低于5的视为相对贫困（总分10）
			对镇政府的信任打分低于5的视为相对贫困（总分10）
		新事物认知态度	对接受新事物不太积极视为相对贫困
	透明性保证	劳动合同	家人外出务工没有签订书面劳动合同视为相对贫困
	防护性保障	养老保险	没有购买养老保险视为相对贫困
		医疗保险	没有购买医疗保险视为相对贫困
	组织参与	合作社参与	没有加入合作社视为相对贫困

（2）核心自变量。本章旨在探讨农机社会化服务采纳对农户多维相对贫困的影响及其机制，整地和收割服务是农户普遍采纳的农机社会化服务（邱海兰、唐超，2019），能够较好地反映农机社会化服务采纳情况。因此，本章选取整地或收割环节是否采纳农机社会化服务作为农机社会化服务采纳的代理变量。

（3）中介变量。基于前文理论分析可知，首先，农机社会化服务采纳通过促进效率提升，包括农业生产效率、劳动力配置效率以及要素交易效率，改善农户经济条件，缓解多维相对贫困。参考已有的研究（周利平等，2020），并基于已有的数据指标，选取亩均产出、劳动力兼业比例和农药投入对农业生产效率、劳动力配置效率和要素交易效率进行刻画。

其次，农机社会化服务采纳通过增加资本积累，缓解农户多维相对贫困。

一方面农机社会化服务采纳通过促进技能培训参与和增加非农工作经验，改善人力资本积累，缓解农户多维相对贫困。参考罗明忠等（2020）的研究，农户技能培训主要包括农业和非农就业技能培训，因而选取农业或非农就业技能培训参与对技能培训参与进行刻画。同时借鉴程名望等（2016）的研究，工作经验是通过"干中学"所获得的，一般而言，工作时间越长，工作经验越丰富，因而选取非农工作时间作为非农工作经验的代理变量进行分析。另一方面农机社会化服务采纳通过拓展社会网络，增加社会资本积累，缓解农户多维相对贫困，参考苏静等（2019）的研究，选取人情礼金支出作为社会网络的代理变量。

最后，农业生产经营风险一般包括自然风险、市场风险以及社会风险等（刘亚洲等，2019）。农机社会化服务采纳通过降低风险冲击，包括降低自然风险冲击、雇工风险冲击以及农机投资风险冲击，缓解农户多维相对贫困。受自然灾害导致的减产比例能够较好地反映自然风险冲击，因而选择减产比例对自然风险冲击进行刻画。与此同时，雇工纠纷会加大农业生产过程中劳动力投入的计量难度，增加农业生产的不确定性，因而采用雇工纠纷作为雇工风险冲击的代理指标。此外，农业机械具有较强的资产专用性，自购农机会给农户带来投资锁定风险（李宁等，2019；罗明忠等，2021），因而选择自购农机对农机投资风险冲击进行刻画。

（4）控制变量。除核心自变量外，参考翟羽佳等（2019）的研究，本章选取个体特征、家庭特征以及区域特征作为控制变量纳入分析。变量定义及其描述性统计见表7-2。

表7-2 变量定义、测度与描述性统计分析

变量类型	变量名称	变量测度	平均值	标准偏差
因变量	农户多维相对贫困	多维相对贫困识别指标体系中有4个及以上的指标被剥夺视为相对贫困，赋值为1；否则赋值为0	0.468	0.499
核心自变量	农机社会化服务采纳	整地或收割环节是否采纳农机社会化服务，否=0，是=1	0.873	0.332

续表

变量类型	变量名称		变量测度	平均值	标准偏差
中介变量	效率提升	农业生产效率	亩均产出（公斤，取对数）	5.237	1.848
		劳动力配置效率	劳动力兼业比例	0.142	0.263
		要素交易效率	农药投入（元，取对数）	4.905	2.037
	资本积累 人力资本积累	技能培训参与	是否参与农业或非农就业技能培训，否=0，是=1	0.398	0.489
		非农工作经验	非农工作时间（月）	1.953	3.542
	社会资本积累	社会网络	家庭人情礼金支出（元，取对数）	5.653	3.262
	风险冲击	自然风险冲击	自然灾害导致的减产比例（%）	12.645	20.372
		雇工风险冲击	整地或收割环节雇工是否出现纠纷，否=0，是=1	0.004	0.068
		农机投资风险冲击	整地或收割环节是否购买农机，否=0，是=1	0.141	0.348
控制变量	是否党员		否=0，是=1	0.082	0.275
	是否村干部		否=0，是=1	0.054	0.227
	家庭劳动力数量		人	2.849	1.441
	承包地面积		亩	8.316	5.950
	存款余额		无=0；1万元及以下=1；1万~5万元=2；5万~10万元=3；10万元以上=4	1.557	0.824
	村庄地形		山区=1；丘陵=2；平原=3	2.892	0.330

续表

变量类型	变量名称	变量测度	平均值	标准偏差
控制变量	村庄交通条件	很差=1；较差=2；一般=3；较好=4；很好=5	3.146	0.927
	村庄经济发展水平	很差=1；较差=2；一般=3；较好=4；很好=5	2.872	0.698
	离镇中心距离	公里	4.115	3.401
	离县城距离	公里	20.796	12.052

由表7-2可知，农户多维相对贫困较为突出，贫困发生率为0.468，多维视角下，接近一半的农户处于相对贫困状态，对构建农户多维相对贫困长效治理机制提出了挑战。农机社会化服务采纳率达到87.3%，表明农户的农业分工程度正逐渐加深。中介变量中，农业生产效率和要素交易效率较高，而劳动力配置效率较低；参与农业或非农技能培训的比例是39.8%，非农工作时间平均为2个月左右，表明农户拥有一定的人力资本积累，同时社会网络所表征的社会资本积累较为突出；自然风险冲击和农机投资风险冲击的概率较高，分别为12.64%和14.1%，而雇工风险冲击的概率较低，为4%。控制变量中，党员和村干部比例较低，分别为8.2%和5.4%，政治资源缺乏；家庭劳动力数量在3人左右，承包地面积基本达到8亩以上，家庭存款基本在1到5万左右；村庄区域环境中地形资源较好，以平原为主，但交通便利性和经济水平不佳，多数村庄离城镇中心较近。

另外，对样本农户进行交叉分析发现，没有采纳农机社会化服务的农户为349个，占比12.7%，其多维相对贫困发生概率为0.650；采纳农机社会化服务的农户为2401个，占比为87.3%，其多维相对贫困发生概率为0.441，农机社会化服务采纳与农户多维相对贫困呈现负向关系，表明农机社会化服务采纳可能降低了农户多维相对贫困发生概率。

二、模型构建

为避免重复，模型构建与第五章中的模型构建一致，相应变量见第七章的变量选择。

第三节 模型估计结果与分析

一、基准回归结果

由表7-3的模型I、II结果可知，农机社会化服务采纳对农户多维相对贫困具有显著负向影响，有利于缓解农户多维相对贫困，研究假说5得到验证。从缓解程度看，在其他控制变量不变的情形下，采纳农机社会化服务的农户的多维相对贫困发生率会减少20.3%。究其可能原因，是因为农机社会化服务采纳通过促进效率提升和增加资本积累以及降低风险冲击，改善了农户经济条件和自我发展能力，进而缓解了农户多维相对贫困。首先，农机社会化服务采纳能够促进效率提升，增加农户农业经营性收入和工资性收入，改善经济条件，进而缓解农户多维相对贫困。其次，农机社会化服务采纳能够增加资本积累，改善经济条件，增强透明性保证和防护性保障，进而缓解农户多维相对贫困。一方面，农机社会化服务的劳动力替代效应，使得农户能够专注于优势生产环节，提高其专业化程度，同时能够获得更多时间用于培训，增加人力资本积累；而且使得部分劳动力的季节性流动明显减少，增加非农工作经验，促进农户人力资本积累增加，缓解农户多维相对贫困。另一方面，农机社会化服务引入后，农户社会网络进一步扩大，增加了社会资本积累，有助于改善经济条件，提高社会机会的可获性，进而缓解其相对贫困。最后，农机社会化服务采纳能够降低风险冲击，减少农户收入受损概率，改善经济条件，进而缓解农户多维相对贫困。对此，将在后文中介机制检验中进一步予以实证。

控制变量中，是否党员、是否村干部、家庭劳动力数量、存款余额对农户多维相对贫困均有显著负向影响，而离镇中心距离和离县城距离对农户多维相对贫困具有显著正向影响。究其主要原因，是因为户主为党员或村干部的农户具有较高的社会地位，显示出较强的政治资本，其经济条件和自我发展能力普遍较好，陷入相对贫困的概率更低。一般而言，家庭劳动力数量越多，经济状况越好，陷入多维相对贫困的概率越低。家庭存款余额既代表了农户现有的经济条件，也在一定程度上体现了农户的发展能力。家庭存款多的农户能够通过提升教育水平获得社会机会，改善经济水平的同时增强自我发展能力，并且家庭存款多的农户能够为建立防护性保障提供资金支持，通过购买养老保险、医疗保险等避免陷入健康贫困陷阱，缓解相对贫困。另外，离镇中心距离和县城距离远，可能使农户丧失一部分发展机会。偏远地区的生存环境、村庄交通条件等较为恶劣，导致农户经济水平低下，缺乏内生发展能力，可能使其陷入相对贫困。

表 7-3　农机社会化服务采纳对农户多维相对贫困的回归结果

变量名称	模型 I	模型 II	边际效应
	农户多维相对贫困	农户多维相对贫困	农户多维相对贫困
农机社会化服务采纳	-0.856***	-0.858***	-0.203***
	(0.119)	(0.123)	(0.028)
是否党员	—	-0.607***	-0.143***
	—	(0.172)	(0.040)
是否村干部	—	-0.607***	-0.143***
	—	(0.215)	(0.050)
家庭劳动力数量	—	-0.093***	-0.022***
	—	(0.028)	(0.006)
承包地面积	—	-0.010	-0.002
	—	(0.007)	(0.001)
存款余额	—	-0.256***	-0.060***
	—	(0.049)	(0.011)

续表

变量名称	模型 I	模型 II	边际效应
	农户多维相对贫困	农户多维相对贫困	农户多维相对贫困
村庄地形	—	0.095	0.022
	—	(0.123)	(0.029)
村庄交通条件	—	-0.005	-0.001
	—	(0.043)	(0.010)
村庄经济发展水平	—	-0.041	-0.009
	—	(0.058)	(0.013)
离镇中心距离	—	0.026**	0.006**
	—	(0.012)	(0.002)
离县城距离	—	0.007**	0.001**
	—	(0.003)	(0.001)
地区	控制	控制	控制
伪 R2	0.014	0.039	——
样本量	2750	2750	2750

注：*、**和***分别表示在10%、5%和1%统计水平上显著，括号内为标准误，下同。

二、共线性检验

考虑到前文回归结果可能存在多重共线性问题，如是否党员与是否村干部、家庭劳动力数量与承包地面积及存款余额之间可能存在共线性问题，为此本章进一步对前文回归结果进行共线性检验（见表7-4）。结果表明，VIF最大为1.29，远低于10，故上述回归结果不存在多重共线性问题，结论较为可靠。

表 7-4　共线性检验

变量名称	VIF	1/VIF
农机社会化服务采纳	1.03	0.969121
是否党员	1.28	0.778386
是否村干部	1.29	0.774488
家庭劳动力数量	1.05	0.952392
承包地面积	1.24	0.804488
存款余额	1.05	0.955276
村庄地形	1.05	0.949439
村庄交通条件	1.08	0.922462
村庄经济发展水平	1.08	0.927732
离镇中心距离	1.19	0.841187
离县城距离	1.14	0.876699
Mean VIF	1.14	

三、稳健性检验

（1）替换核心自变量。为检验农机社会化服务采纳对农户多维相对贫困影响的稳健性，本章采用替换核心自变量的方式，选取收割服务采纳进行重新回归，结果如表 7-5 所示，收割服务采纳显著抑制了农户多维相对贫困，有利于缓解农户多维相对贫困，同时其余控制变量的回归结果也与前文一致，基准回归结果具有稳健性。

表7-5　农机社会化服务采纳对农户多维相对贫困的稳健性回归结果（替换核心自变量）

变量名称	模型 I	模型 II	边际效应
	农户多维相对贫困	农户多维相对贫困	农户多维相对贫困
收割服务采纳	-0.766***	-0.769***	-0.182***
	(0.111)	(0.114)	(0.026)
是否党员	—	-0.604***	-0.143***
	—	(0.172)	(0.040)
是否村干部	—	-0.607***	-0.143***
	—	(0.215)	(0.050)
家庭劳动力数量	—	-0.093***	-0.022***
	—	(0.028)	(0.006)
承包地面积	—	-0.012*	-0.002*
	—	(0.007)	(0.001)
存款余额	—	-0.259***	-0.061***
	—	(0.049)	(0.011)
村庄地形	—	0.128	0.030
	—	(0.123)	(0.029)
村庄交通条件	—	-0.007	-0.001
	—	(0.043)	(0.010)
村庄经济发展水平	—	-0.043	-0.010
	—	(0.058)	(0.013)
离镇中心距离	—	0.025**	0.006**
	—	(0.012)	(0.002)

变量名称	模型 I	模型 II	边际效应
	农户多维相对贫困	农户多维相对贫困	农户多维相对贫困
离县城距离	—	0.007**	0.001**
	—	(0.003)	(0.001)
地区	控制	控制	控制
伪 R2	0.013	0.038	——
样本量	2750	2750	2750

（2）变更样本。为进一步考察基准回归结果是否具有稳健性，下文采用变更样本的方式进行重新回归，仍然采用课题组 2018 年对广东省韶关市新丰县的 756 份农户调查数据展开研究。变量定义、测度与描述性统计分析如表7-6 所示。由表 7-6 可知，农户多维相对贫困的发生率为 59.7%，接近 60%的农户处于多维相对贫困状态。核心解释变量和控制变量分析结果与表 5-5一致。

表7-6 变量定义、测度与描述性统计分析

变量类型	变量名称	变量测度	平均值	标准偏差
因变量	农户多维相对贫困	多维相对贫困识别指标体系中有4 个及以上的指标被剥夺视为相对贫困，赋值为 1；否则赋值为 0	0.597	0.490
核心自变量	农机社会化服务采纳	整地或收割环节是否采纳农机社会化服务，否 = 0，是 = 1	0.585	0.492
控制变量	是否党员	否 = 0，是 = 1	0.123	0.328
	是否村干部	否 = 0，是 = 1	0.084	0.278
	家庭劳动力数量	人	1.498	1.303
	承包地面积	亩	6.705	51.215

变量类型	变量名称	变量测度	平均值	标准偏差
控制变量	存款余额	无=0；1万元及以下=1；1万~5万元=2；5万~10万元=3；10万元以上=4	1.089	0.993
	村庄地形	1=山区；2=丘陵；3=盆地；4=高原；5=平原	1.451	0.533
	村庄交通条件	去镇里是否有公交，否=0，是=1	0.395	0.489
	村庄经济发展水平	村经济条件与邻村相比，较差=0，差不多=1，较好=2	1.944	0.482
	离镇中心距离	公里	7.919	8.235
	离县城距离	公里	33.291	20.838

由表7-7可知，农机社会化服务采纳对农户多维相对贫困仍具有显著负向影响，在不同样本下农机社会化服务采纳均能发挥减贫作用，同时其他控制变量的估计结果基本也与前文一致。因而，上述研究结论具备稳健性。

表7-7 农机社会化服务采纳对农户多维相对贫困的稳健性回归结果（变更样本）

变量名称	模型 I	模型 II	边际效应
	农户多维相对贫困	农户多维相对贫困	农户多维相对贫困
农机社会化服务采纳	-1.826***	-1.705***	-0.319***
	(0.177)	(0.192)	(0.028)
是否党员	—	-1.044***	-0.195***
	—	(0.296)	(0.053)
是否村干部	—	-0.753**	-0.141**
	—	(0.359)	(0.066)

续表

变量名称	模型 I	模型 II	边际效应
	农户多维相对贫困	农户多维相对贫困	农户多维相对贫困
家庭劳动力数量	—	-0.107	-0.020
	—	(0.069)	(0.012)
承包地面积	—	0.002	0.001
	—	(0.005)	(0.001)
存款余额	—	-0.142	-0.026
	—	(0.089)	(0.016)
村庄地形	—	0.452***	0.084***
	—	(0.163)	(0.030)
村庄交通条件	—	0.059	0.011
	—	(0.201)	(0.037)
村庄经济发展水平	—	0.084	0.015
	—	(0.185)	(0.034)
离镇中心距离	—	0.032**	0.006**
	—	(0.013)	(0.002)
离县城距离	—	-0.006	-0.001
	—	(0.004)	(0.001)
地区	控制	控制	控制
伪 R2	0.121	0.178	—
样本量	756	756	756

四、内生性讨论

（1）自选择偏差。倾向得分匹配法（PSM）是处理自选择偏差问题的常
用方法。表 7-8 为最近邻匹配法、卡尺匹配法和核匹配法的估计结果。结果
显示，农机社会化服务采纳显著抑制了农户多维相对贫困，有利于缓解农户
多维相对贫困，与基准回归结果一致。

表 7-8　农机社会化服务采纳对农户多维相对贫困的 PSM 估计结果

—	匹配方法	实验组	控制组	ATT	标准误	T 值
农机社会化服务采纳	最近邻匹配法	0.440	0.680	-0.240***	0.039	-6.09
	卡尺匹配法	0.441	0.650	-0.209***	0.027	-7.60
	核匹配法	0.441	0.663	-0.222***	0.030	-7.33

为检验 PSM 估计结果的可靠性，需要进行平衡性检验。以核匹配法为
例，表 7-9 的结果显示全部变量在匹配后，标准化偏差缩小了，且多数变量
匹配后的标准偏差率低于 10%；同时 T 检验结果意味着多数变量接受实验组
和控制组无系统差异的原假设，可以认为样本经过了较好地匹配，通过平衡
性检验。

表 7-9　核匹配法平衡性检验

控制变量	匹配前均值		匹配后均值		偏差率		匹配后 T 检验	
	实验组	控制组	实验组	控制组	匹配前	匹配后	t 值	P > t
是否党员	0.085	0.060	0.085	0.081	9.9	1.6	0.53	0.594
是否村干部	0.057	0.040	0.057	0.063	7.9	-2.9	-0.91	0.365
家庭劳动力数量	2.893	2.547	2.893	2.923	23.3	-2.0	-0.71	0.479
承包地面积	8.643	6.070	8.643	7.812	46.4	15.0	4.93	0.000
存款余额	1.572	1.449	1.572	1.568	15.4	0.5	0.16	0.869

控制变量	匹配前均值		匹配后均值		偏差率		匹配后 T 检验	
	实验组	控制组	实验组	控制组	匹配前	匹配后	t 值	P > t
村庄地形	2.899	2.845	2.899	2.904	15.1	-1.6	-0.62	0.536
村庄交通条件	3.159	3.063	3.159	3.162	10.2	-0.4	-0.14	0.891
村庄经济发展水平	2.878	2.833	2.878	2.901	6.1	-3.2	-1.15	0.252
离镇中心距离	4.189	3.602	4.189	3.827	18.3	11.3	3.80	0.000
离县城距离	20.958	19.684	20.958	20.304	10.8	5.5	1.91	0.056

（2）互为因果。基准回归模型可能存在互为因果导致的内生性问题，使得前文结论有偏。一方面，农机社会化服务采纳通过改善农户经济条件和提高其发展能力，进而对农户多维相对贫困产生影响；另一方面，农户多维相对贫困也可能会影响农机社会化服务采纳，可行能力越强的农户可能越倾向于采纳农机社会化服务。因而，采用 ERM 型重新进行回归，以规避可能存在的内生性问题，并选取收割服务作为农机社会化服务的代理指标，借鉴 Ma 等（2013）的研究，以本村其他农户的收割服务平均采纳率作为工具变量进行回归。回归结果显示，农机社会化服务采纳显著抑制了农户多维相对贫困，有利于缓解农户多维相对贫困，前文研究结论具有可靠性。

表7-10　农机社会化服务采纳对农户多维相对贫困的 ERM 回归结果

变量名称	模型 1	模型 2
	农户多维相对贫困	农户多维相对贫困
农机社会化服务采纳	-0.607***	-0.594***
	（0.200）	（0.213）

变量名称	模型 1	模型 2
	农户多维相对贫困	农户多维相对贫困
是否党员	—	−0.363***
	—	(0.103)
是否村干部	—	−0.361***
	—	(0.128)
家庭劳动力数量	—	−0.060***
	—	(0.017)
承包地面积	—	−0.007
	—	(0.004)
存款余额	—	−0.159***
	—	(0.030)
村庄地形	—	0.090
	—	(0.078)
村庄交通条件	—	−0.002
	—	(0.027)
村庄经济发展水平	—	−0.027
	—	(0.036)
离镇中心距离	—	0.016**
	—	(0.007)
离县城距离	—	0.004**
	—	(0.002)
样本量	2750	2750

五、机制验证

为检验农机社会化服务采纳对农户多维相对贫困的作用机制，下文进行机制验证。基于前文理论分析可知，农机社会化服务采纳可能通过促进效率提升和增加资本积累以及降低风险冲击，缓解农户多维相对贫困。为此，借鉴 Baron 和 Kenny（1986）的研究，采用中介效应法对上述作用机制进行验证，检验结果如表 7-11~表 7-14 所示。结果表明，农机社会化服务采纳通过促进效率提升和增加资本积累以及降低风险冲击，缓解农户多维相对贫困，假说 6 得到验证。具体而言：

（1）效率提升机制验证。农机社会化服务采纳通过促进效率提升，缓解农户多维相对贫困的机制验证结果如表 7-11 所示。

首先，农业生产效率在农机社会化服务采纳影响农户多维相对贫困路径关系中的中介效应检验（模型 I、II、III）。由模型 I 可知，农机社会化服务采纳对农户多维相对贫困具有显著负向影响，有利于缓解农户多维相对贫困；同时模型 II 表明农机社会化服务采纳对农业生产效率具有显著正向影响，有利于促进农业生产效率提升；另外模型 III 的回归结果显示引入农业生产效率这一变量后，农机社会化服务采纳对农户多维相对贫困仍具有显著负向影响，且农业生产效率对农户多维相对贫困具有显著负向影响，影响系数 $a_1 b_1$ 与 c' 同符号（含义参见式 7-3 和式 7-4，下同），依据前文模型构建中的中介效应检验步骤可知，农业生产效率在农机社会化服务采纳影响农户多维相对贫困的关系中起着部分中介作用，中介效应占总效应的比重为 51.17%。

其次，劳动力配置效率在农机社会化服务采纳影响农户多维相对贫困路径关系中的中介效应检验（模型 I、IV、V）。由模型 IV 可知，农机社会化服务采纳对劳动力配置效率具有显著正向影响，有利于促进劳动力配置效率提升；模型 V 的结果表明引入劳动力配置效率这一变量后，农机社会化服务采纳对农户多维相对贫困仍具有显著负向影响，但劳动力配置效率对农户多维相对贫困不具有显著影响。依据前文模型构建中的中介效应检验步骤进行 Bootstrap 法检验，检验结果表明劳动力配置效率在农机社会化服务采纳影响农户多维相对贫困的关系中不具有中介效应。

表7-11 农机社会化服务采纳对农户多维相对贫困的作用机制检验结果（效率提升机制）

变量名称	模型 I 农户多维相对贫困	模型 II 农业生产效率	模型 III 农户多维相对贫困	模型 IV 劳动力配置效率	模型 V 农户多维相对贫困	模型 VI 要素交易效率	模型 VII 农户多维相对贫困
农机社会化服务采纳	-0.858***	4.391***	-0.298***	0.028*	-0.857***	3.767***	-0.713***
	(0.123)	(0.064)	(0.013)	(0.015)	(0.123)	(0.077)	(0.164)
农业生产效率	—	—	-0.100***	—	—	—	—
	—	—	(0.001)	—	—	—	—
劳动力配置效率	—	—	—	—	-0.045	—	—
	—	—	—	—	(0.150)	—	—
要素交易效率	—	—	—	—	—	—	-0.039
	—	—	—	—	—	—	(0.029)
控制变量	引入						
常数项	0.514	1.029***	0.658	-0.064	0.512	-1.871	0.442
	(0.429)	(0.230)	(0.430)	(0.053)	(0.429)	(0.276)	(0.432)

续表

变量名称	模型 I	模型 II	模型 III	模型 IV	模型 V	模型 VI	模型 VII
	农户多维相对贫困	农业生产效率	农户多维相对贫困	劳动力配置效率	农户多维相对贫困	要素交易效率	农户多维相对贫困
观测值	2750	2750	2750	2750	2750	2750	2750
伪 R2 或 R2	0.039	0.636	0.042	0.024	0.039	0.571	0.039

最后，要素交易效率在农机社会化服务采纳影响农户多维相对贫困路径关系中的中介效应检验（模型Ⅰ、Ⅵ、Ⅶ）。由模型Ⅵ可知，农机社会化服务采纳对要素交易效率具有显著正向影响，有利于促进要素交易效率提升；同时模型Ⅶ的回归结果显示引入要素交易效率这一变量后，农机社会化服务采纳对农户多维相对贫困仍具有显著负向影响，但要素交易效率对农户多维相对贫困不具有显著影响。依据前文模型构建中的中介效应检验步骤进行Bootstrap法检验，检验结果表明要素交易效率在农机社会化服务采纳影响农户多维相对贫困的关系中不具有中介效应。

（2）资本积累机制验证。首先，是人力资本积累机制验证。考虑到老龄农户参与技能培训的可能性较低，因而选择60岁以下的农户样本进行回归。农机社会化服务采纳通过增加人力资本积累，缓解农户多维相对贫困的机制验证结果如表7-12所示。

第一，技能培训参与在农机社会化服务采纳影响农户多维相对贫困路径关系中的中介效应检验（模型Ⅰ、Ⅱ、Ⅲ）。由模型Ⅰ可知，农机社会化服务采纳对农户多维相对贫困具有显著负向影响，有利于缓解农户多维相对贫困；同时模型Ⅱ表明农机社会化服务采纳对技能培训参与具有显著正向影响，有利于促进农户参与技能培训；另外模型Ⅲ的回归结果显示引入技能培训参与这一变量后，农机社会化服务采纳对农户多维相对贫困仍具有显著负向影响，且技能培训参与对农户多维相对贫困具有显著负向影响，影响系数 a_1b_1 与 c' 同符号，依据前文模型构建中的中介效应检验步骤可知，技能培训参与在农机社会化服务采纳影响农户多维相对贫困的关系中起着部分中介作用，中介效应占总效应的比重为21.37%，这一结论与罗明忠等（2020）的研究结论具有一致性，表明加大对农村劳动力的技能培训，提升农村劳动力的培训参与，有利于农户相对贫困缓解。

第二，非农工作经验在农机社会化服务采纳影响农户多维相对贫困路径关系中的中介效应检验（模型Ⅰ、Ⅳ、Ⅴ）。由模型Ⅳ可知，农机社会化服务采纳对非农工作经验不具有显著影响；模型Ⅴ的结果表明引入非农工作经验这一变量后，农机社会化服务采纳对农户多维相对贫困仍具有显著负向影响，非农工作经验对农户多维相对贫困具有显著负向影响。依据前文模型构建中

的中介效应检验步骤进行 Bootstrap 法检验，检验结果表明非农工作经验在农
机社会化服务采纳影响农户多维相对贫困的关系中不具有中介效应。

表7-12 农机社会化服务采纳对农户多维相对贫困的作用机制检验结果
（人力资本积累机制）

变量名称		模型 I 农户多维 相对贫困	模型 II 技能 培训参与	模型 III 农户多维 相对贫困	模型 IV 非农工作 经验	模型 V 农户多维 相对贫困
农机社会化 服务采纳		-1.088^{***}	0.410^{**}	-1.012^{***}	0.119	-1.045^{***}
		(0.179)	(0.183)	(0.187)	(0.296)	(0.186)
人力 资本 积累	技能培训 参与	—	—	-0.567^{***}	—	—
		—	—	(0.118)	—	—
	非农工作 经验	—	—	—	—	-0.030^{**}
		—	—	—	—	(0.013)
控制变量		引入				
常数项		1.313	1.082^{***}	2.606^{***}	0.667	2.242
		(0.171)	(0.715)	(0.686)	(1.217)	(0.673)
观测值		1656	1656	1656	1656	1656
R^2/伪 R^2		0.018	0.097	0.075	0.031	0.068

其次，是社会资本积累机制验证。农机社会化服务采纳通过增加社会资
本积累，缓解农户多维相对贫困的机制验证结果如表7-13所示。

社会网络在农机社会化服务采纳影响农户多维相对贫困路径关系中的中
介效应检验（模型 I、VI、VII）。由模型 VI 可知，农机社会化服务采纳对社
会网络具有显著正向影响，有利于促进农户社会网络扩大；同时模型 VII 的回
归结果显示引入社会网络这一变量后，农机社会化服务采纳对农户多维相对
贫困仍具有显著负向影响，且社会网络对农户多维相对贫困具有显著负向影
响，影响系数 a_1b_1 与 c' 同符号，依据前文模型构建中的中介效应检验步骤可

知，社会网络在农机社会化服务采纳影响农户多维相对贫困的关系中起着部分中介作用，中介效应占总效应的比重为1.74%。

表7-13　农机社会化服务采纳对农户多维相对贫困的作用机制检验结果
（社会资本积累机制）

变量名称		模型 I	模型 VI	模型 VII
		农户多维相对贫困	社会网络	农户多维相对贫困
农机社会化服务采纳		−0.858***	0.746***	−0.850***
		(0.123)	(0.184)	(0.123)
社会资本积累	社会网络	—	—	−0.020*
		—	—	(0.011)
控制变量		引入		
常数项		0.514	4.797***	0.567
		(0.429)	(0.654)	(0.433)
观测值		2750	2750	2750
R2/伪R2		0.039	0.060	0.039

（3）风险冲击机制验证。农机社会化服务采纳通过降低风险冲击，缓解农户多维相对贫困的机制验证结果如表7-14所示。

第一，自然风险冲击在农机社会化服务采纳影响农户多维相对贫困路径关系中的中介效应检验（模型 I、II、III）。由模型 I 可知，农机社会化服务采纳对农户多维相对贫困具有显著负向影响，有利于缓解农户多维相对贫困；同时模型 II 表明农机社会化服务采纳对自然风险冲击具有显著负向影响，有利于降低自然风险冲击冲击；另外模型 III 的回归结果显示引入自然风险冲击这一变量后，农机社会化服务采纳对农户多维相对贫困仍具有显著负向影响，且自然风险冲击对农户多维相对贫困具有显著正向影响，影响系数 $a_1 b_1$ 与 c' 同符号，依据前文模型构建中的中介效应检验步骤可知，自然风险冲击在农机社会化服务采纳影响农户多维相对贫困的关系中起着部分中介作用，中介

表7-14 农机社会化服务采纳对农户多维相对贫困的作用机制检验结果（风险冲击机制）

变量名称	模型 I 农户多维相对贫困	模型 II 自然风险冲击	模型 III 农户多维相对贫困	模型 IV 雇工风险冲击	模型 V 农户多维相对贫困	模型 VI 农机投资风险冲击	模型 VII 农户多维相对贫困
农机社会化服务采纳	-0.858***	-1.020***	-0.862***	-0.906	-0.864***	-0.044	-0.858***
	(0.123)	(0.024)	(0.123)	(0.686)	(0.123)	(0.187)	(0.123)
自然风险冲击	—	—	0.101***	—	—	—	—
			(0.002)				
雇工风险冲击	—	—	—	—	0.847	—	—
					(0.612)		
农机投资风险冲击	—	—	—	—	—	—	0.174
							(0.115)
控制变量				引入			
常数项	0.514	-11.860***	0.524	-3.160*	0.522	-5.519***	0.552
	(0.429)	(3.992)	(0.429)	(1.697)	(0.429)	(0.837)	(0.430)

续表

变量名称	模型 I	模型 II	模型 III	模型 IV	模型 V	模型 VI	模型 VII
	农户多维相对贫困	自然风险冲击	农户多维相对贫困	雇工风险冲击	农户多维相对贫困	农机投资风险冲击	农户多维相对贫困
观测值	2750	2750	2750	2750	2750	2750	2750
伪 R2 或 R2	0.039	0.104	0.039	0.068	0.039	0.078	0.039

效应占总效应的比重为12%。

第二，雇工风险冲击在农机社会化服务采纳影响农户多维相对贫困路径关系中的中介效应检验（模型I、IV、V）。由模型IV可知，农机社会化服务采纳对雇工风险冲击不具有显著影响；模型V的结果表明引入雇工风险冲击这一变量后，农机社会化服务采纳对农户多维相对贫困仍具有显著负向影响，但雇工风险冲击对农户多维相对贫困不具有显著影响。依据前文模型构建中的中介效应检验步骤进行Bootstrap法检验，检验结果表明雇工风险冲击在农机社会化服务采纳影响农户多维相对贫困的关系中不具有中介效应。

第三，农机投资风险冲击在农机社会化服务采纳影响农户多维相对贫困路径关系中的中介效应检验（模型I、VI、VII）。由模型VI可知，农机社会化服务采纳对农机投资风险冲击不具有显著影响；同时模型VII的回归结果显示引入农机投资风险冲击这一变量后，农机社会化服务采纳对农户多维相对贫困仍具有显著负向影响，但农机投资风险冲击对农户多维相对贫困不具有显著影响。依据前文模型构建中的中介效应检验步骤进行Bootstrap法检验，检验结果表明农机投资风险冲击在农机社会化服务采纳影响农户多维相对贫困的关系中不具有中介效应。

六、异质性分析

受个体特征、家庭特征以及区域特征的影响，农机社会化服务采纳对农户多维相对贫困的作用可能具有异质性，需进一步探讨。表7-15报告了个体特征下，农机社会化服务采纳对农户多维相对贫困的分组回归结果。从回归结果中可知，户主为非党员和非村干部条件下，农机社会化服务采纳对农户多维相对贫困均具有显著负向影响，而户主为党员和村干部条件下，农机社会化服务采纳对农户多维相对贫困不具有显著影响。表7-15分组回归结果中的"经验P值"表明，农机社会化服务采纳对农户多维相对贫困的影响系数在党员特征和村干部特征下不存在显著差异。可见，农机社会化服务采纳对农户多维相对贫困的影响不存在个体特征的异质性。

表 7-15　个体特征下农机社会化服务采纳对农户多维相对贫困的分组回归结果

变量	党员		村干部	
	否	是	否	是
农机社会化服务采纳	-0.868***	0.741	-0.875***	-0.450
	(0.127)	(0.496)	(0.126)	(0.645)
控制变量	引入	引入	引入	引入
常量	0.499	0.267	0.575	0.976***
	(0.444)	(1.789)	(0.444)	(1.951)
地区	控制	控制	控制	控制
伪 R2	0.030	0.063	0.031	0.066
样本量	2523	227	2599	151
经验 P 值	0.430		0.240	

表 7-16 家庭特征下农机社会化服务采纳对农户多维相对贫困的分组回归结果表明，家庭劳动力数量、承包地面积和存款余额条件下农机社会化服务采纳对农户多维相对贫困均具有显著负向影响。从"经验 P 值"可知，农机社会化服务采纳对农户多维相对贫困的影响在家庭劳动力数量、承包地面积特征下存在显著差异，而在存款余额特征下不存在显著差异，其家庭特征异质性较为明显。具体而言，相较于家庭劳动力数量少的农户，家庭劳动力数量多的农户采纳农机社会化服务对多维相对贫困的负向影响程度更高。可能的原因在于，对于家庭劳动力数量多的农户而言，农机社会化服务的劳动释放效应更明显，加速了家庭劳动力在农业和非农产业的分化，促使农户社会网络显著扩大，并进一步提升了其社会参与度，增加了农户社会资本积累，进而缓解了农户多维相对贫困。相较于承包地面积小的农户，承包地面积大的农户采纳农机社会化服务对多维相对贫困的负向影响程度更高。可能的原因在于承包地面积大的农户存在服务规模效应，其服务使用成本会显著下降，增收效应更明显。

表7-16　家庭特征下农机社会化服务采纳对农户多维相对贫困的分组回归结果

变量	家庭劳动力数量		承包地面积		存款余额	
	低于或等于均值	高于均值	低于或等于均值	高于均值	低于或等于均值	高于均值
农机社会化服务采纳	-0.703***	-1.060***	-0.728***	-1.313***	-0.936***	-0.746**
	(0.172)	(0.180)	(0.138)	(0.273)	(0.152)	(0.211)
控制变量	引入	引入	引入	引入	引入	引入
常量	-0.663	1.849***	0.951*	-1.388***	-0.146	0.907
	(0.675)	(0.566)	(0.506)	(1.129)	(0.530)	(0.719)
地区	控制	控制	控制	控制	控制	控制
伪R2	0.026	0.053	0.039	0.052	0.034	0.042
样本量	1118	1632	1727	1023	1710	1040
经验P值	0.080*		0.020**		0.210	

表 7-17　区域特征下农机社会化服务采纳对农户多维相对贫困的分组回归结果

变量	村庄地形		村庄经济发展水平		离县城距离	
	山区/丘陵	平原	差/一般	好	低于或等于平均值	高于平均值
农机社会化服务采纳	-0.317	-0.923***	-0.878***	-0.695**	-1.077***	-0.480**
	(0.339)	(0.133)	(0.133)	(0.325)	(0.159)	(0.195)
控制变量	引入	引入	引入	引入	引入	引入
常量	-0.415	0.908***	0.218	2.283*	0.252	0.996*
	(0.876)	(0.276)	(0.436)	(1.296)	(0.590)	(0.606)
地区	控制	控制	控制	控制	控制	控制
伪 R2	0.081	0.039	0.035	0.084	0.049	0.032
样本量	278	2472	2374	376	1594	1156
经验 P 值	0.060*		0.330		0.030	

表 7-17 区域特征下农机社会化服务采纳对农户多维相对贫困的分组回归结果表明，村庄地形、村庄经济发展水平和离县城距离条件下农机社会化服务采纳对农户多维相对贫困均具有显著负向影响。从"经验 P 值"可知，农机社会化服务采纳对农户多维相对贫困的影响在村庄地形下存在显著差异，而在村庄经济发展水平以及离县城距离特征下不存在显著差异，区域特征异质性较为明显。具体而言，相较于村庄地形为山区或丘陵的农户，村庄地形为平原的农户采纳农机社会化服务对多维相对贫困的负向影响程度更高。可能的原因在于平原地区的机械作业程度高，其农机社会化服务体系更加完善，同时能够更好地规避农业经营风险，有助于农户改善经济条件和提高自我发展能力，从而缓解农户多维相对贫困。

七、进一步讨论

前文考察了农机社会化服务是否采纳对农户多维相对贫困的影响，本章进一步讨论农机社会化服务采纳程度和服务供给主体对农户多维相对贫困的影响，以更好地刻画农机社会化服务采纳对农户多维相对贫困的影响。表 7-18 回归结果表明农机社会化服务采纳程度对农户多维相对贫困具有显著负向影响。农机社会化服务采纳程度越高，越能缓解农户多维相对贫困。从缓解程度看，在其他控制变量不变的情形下，农机社会化服务采纳程度每增加一个单位，会使得农户多维相对贫困的发生概率减少 9.7%。可见，应进一步完善农机社会化服务体系，引导农户提高农机社会化服务采纳程度，以缓解农户多维相对贫困。

表 7-18　农机社会化服务采纳程度对农户多维相对贫困的回归结果

变量名称	模型 I	模型 II	边际效应
	农户多维相对贫困	农户多维相对贫困	农户多维相对贫困
农机社会化服务采纳程度	−0.430***	−0.413***	−0.097***
	(0.055)	(0.056)	(0.012)

续表

变量名称	模型 I	模型 II	边际效应
	农户多维相对贫困	农户多维相对贫困	农户多维相对贫困
是否党员	—	-0.580***	-0.137***
	—	(0.172)	(0.040)
是否村干部	—	-0.628***	-0.148***
	—	(0.215)	(0.050)
家庭劳动力数量	—	-0.093***	-0.021***
	—	(0.028)	(0.006)
承包地面积	—	-0.013*	-0.003*
	—	(0.007)	(0.001)
存款余额	—	-0.256***	-0.060***
	—	(0.049)	(0.011)
村庄地形	—	0.099	0.023
	—	(0.123)	(0.028)
村庄交通条件	—	-0.008	-0.001
	—	(0.044)	(0.010)
村庄经济发展水平	—	-0.043	-0.010
	—	(0.058)	(0.013)
离镇中心距离	—	0.023*	0.005*
	—	(0.012)	(0.002)
离县城距离	—	0.006*	0.001*
	—	(0.003)	(0.0008)
地区	控制	控制	控制

变量名称	模型 I	模型 II	边际效应
	农户多维相对贫困	农户多维相对贫困	农户多维相对贫困
伪 R2	0.016	0.040	—
样本量	2750	2750	2750

表 7-19 农机社会化服务供给主体对农户多维相对贫困的回归结果表明农机社会化服务供给主体对农户多维相对贫困具有显著负向影响。农机社会化服务由服务组织提供更能缓解农户多维相对贫困。从缓解程度看，在其他控制变量不变的情形下，相比农机社会化服务由农机户提供，由农机社会化服务组织提供会使得农户多维相对贫困的发生概率减少 6.6%。原因可能在于，农机社会化服务组织的服务配套体系更完善，其对自然风险冲击的抵御能力更强，进而有效缓解农户多维相对贫困。可见，应进一步扶持农机社会化服务组织，做好农机社会化服务组织与农户的有效对接，以缓解农户多维相对贫困。

表 7-19　农机社会化服务供给主体对农户多维相对贫困的回归结果

变量名称	模型 I	模型 II	边际效应
	农户多维相对贫困	农户多维相对贫困	农户多维相对贫困
农机社会化服务供给主体	-0.306***	-0.279***	-0.066***
	(0.055)	(0.057)	(0.013)
是否党员	—	-0.602***	-0.143***
	—	(0.171)	(0.040)
是否村干部	—	-0.614***	-0.146***
	—	(0.214)	(0.050)

变量名称	模型 I	模型 II	边际效应
	农户多维相对贫困	农户多维相对贫困	农户多维相对贫困
家庭劳动力数量	—	-0.086***	-0.020***
	—	(0.027)	(0.006)
承包地面积	—	-0.014*	-0.003*
	—	(0.007)	(0.001)
存款余额	—	-0.262***	-0.062***
	—	(0.049)	(0.011)
村庄地形	—	0.082	0.019
	—	(0.122)	(0.029)
村庄交通条件	—	-0.016	-0.003
	—	(0.043)	(0.010)
村庄经济发展水平	—	-0.033	-0.008
	—	(0.058)	(0.013)
离镇中心距离	—	0.022*	0.005*
	—	(0.012)	(0.002)
离县城距离	—	0.006*	0.001*
	—	(0.003)	(0.0008)
地区	控制	控制	控制
伪 R2	0.008	0.032	—
样本量	2750	2750	2750

第四节 本章小结

本章基于 2750 份河南省农户问卷调查数据,运用 Logit 模型,实证检验农机社会化服务采纳对农户多维相对贫困的影响,并通过替代核心自变量和变更样本的方法进行稳健性检验,运用 PSM 模型和 ERM 模型进行内生性讨论,通过中介效应模型对其作用机制进行验证,同时考虑了个体特征和家庭特征以及区域特征下农机社会化服务采纳对农户多维相对贫困的异质性影响,最后进一步讨论了农机社会化服务采纳程度和农机社会化服务供给主体对农户多维相对贫困的影响。

结果表明,首先,从整体来看,农机社会化服务采纳对农户多维相对贫困具有显著负向影响,有利于缓解农户多维相对贫困;从缓解程度看,在其他控制变量不变的情形下,采纳农机社会化服务的农户的相对贫困发生概率会减少20.3%,稳健性检验结果支持这一结论,考虑自选择偏差和互为因果的内生性问题后,结论仍具有一致性。进一步的机制验证发现,农机社会化服务采纳通过促进效率提升和增加资本积累以及降低风险冲击,缓解农户多维相对贫困,其中农业生产效率、技能培训参与、社会网络、自然风险冲击是其主要的传导机制,农业生产效率的中介效应占比为51.17%,技能培训参与的中介效应占比为21.37%,社会网络的中介效应占比为1.74%,自然风险冲击的中介效应占比为12%。

其次,异质性分析结果表明,农机社会化服务采纳对农户多维相对贫困的影响在家庭特征和区域特征中存在异质性,而在个体特征中不具有异质性。具体而言,家庭特征中,农机社会化服务采纳对农户多维相对贫困的影响在家庭劳动力数量特征和承包地面积特征下具有异质性,农机社会化服务采纳对家庭劳动力数量多的农户多维相对贫困的缓解效应更明显,同时农机社会化服务采纳对承包地面积大的农户多维相对贫困的缓解效应更明显。区域特征中,农机社会化服务采纳对农户多维相对贫困的影响在村庄地形特征下具有异质性，村庄地形为平原的农户采纳农机社会化服务对农户多维相对贫困的缓解效应更明显。

最后，进一步讨论发现农机社会化服务采纳程度对农户多维相对贫困具有显著负向影响，农机社会化服务采纳程度越高，越能缓解农户多维相对贫困；从缓解程度看，在其他控制变量不变的情形下，农机社会化服务采纳程度每增加一个单位，会使得农户多维相对贫困的发生概率减少9.7%。农机社会化服务供给主体对农户多维相对贫困具有显著负向影响，农机社会化服务由服务组织提供更能缓解农户多维相对贫困；从缓解程度看，在其他控制变量不变的情形下，相比农机社会化服务由农机户提供，由农机社会化服务组织提供会使得农户多维相对贫困的发生概率减少6.6%。

第八章

结论与展望

本研究在对现有相关研究进行梳理总结的基础上，构建了农机社会化服务采纳对农户相对贫困的理论分析框架，利用河南省 2750 份农户问卷调查数据，考察了农机社会化服务采纳对农户相对贫困的影响。相对以往研究，本研究的主要贡献在于拓展了农机社会化服务影响农户相对贫困的作用机制，丰富了已有研究。本研究重点关注的领域包括以下三方面：一是农机社会化服务采纳对城乡比较视角下农户经济相对贫困的缓解效应；二是农机社会化服务采纳对农村内部比较视角下农户经济相对贫困的缓解效应；三是农机社会化服务采纳对农户多维相对贫困的缓解效应。通过对上述问题的理论分析和实证检验，得到下述结论与启示。

第一节　研究结论

本文在理论分析基础上，基于河南省 2750 份农户问卷调查数据考察农机社会化服务采纳对农户相对贫困的缓解效应，得到以下主要结论：

第一，农机社会化服务采纳对城乡比较视角下农户经济相对贫困具有显著负向影响，有利于缓解农户经济相对贫困，其主要通过提升农业生产效率、劳动力配置效率和要素交易效率，缓解农户经济相对贫困。具体而言，在其他控制变量不变的情形下，采纳农机社会化服务的农户的经济相对贫困发生率会减少 23.8%；农户通过采纳农机社会化服务，促进了农业生产效率、劳动力配置效率和要素交易效率提升，增加了农业经营性收入和工资性收入，进而降低了城乡收入不平等，有效缓解了城乡比较视角下农户经济相对贫困；农业生产效率、劳动力配置效率和要素交易效率在农机社会化服务采纳影响农户经济相对贫困的关系中起着部分中介作用，其中介效应占总效应的比重分别为 69.33%、2.64% 和 27.79%。

第二，进一步分析农机社会化服务采纳对城乡比较视角下农户经济相对贫困的异质性影响发现，农机社会化服务采纳对城乡比较视角下农户经济相对贫困的影响在户主个体特征中具有异质性，但在家庭特征和区域特征中不存在异质性。相比户主为非党员，在户主为党员的情形下，农机社会化服务采纳对城乡比较视角下农户经济相对贫困的缓解作用更明显，减贫效果更强。另外，进一步讨论了农机社会化服务采纳程度和服务供给主体对城乡比较视角下农户经济相对贫困的影响发现，农机社会化服务采纳程度越高，越能缓解农户经济相对贫困，在其他控制变量不变的情形下，农机社会化服务采纳程度每增加一个单位，会使得农户经济相对贫困的发生概率减少 9.9%；在其他控制变量不变的情形下，相比由农机户提供农机社会化服务，农机社会化服务由服务组织提供更能缓解农户经济相对贫困，会使得农户经济相对贫困的发生概率减少 7.1%。

第三，农机社会化服务采纳对农村内部比较视角下农户经济相对贫困具有显著负向影响，有利于缓解农户经济相对贫困，其主要通过缩小劳动力禀赋差异和技术禀赋差异，缓解农户经济相对贫困，而缩小土地禀赋差异未通过显著性检验。具体而言，在其他控制变量不变的情形下，采纳农机社会化服务的农户的经济相对贫困发生率会减少 11.5%；农户通过采纳农机社会化服务，缩小了劳动力禀赋差异和技术禀赋差异，减少了农户间农业经营性收入和工资性收入差距，进而降低了农村收入不平等，有效缓解了农村内部比较视角下农户经济相对贫困；劳动力禀赋差异缩小和技术禀赋差异缩小在农机社会化服务采纳影响农户经济相对贫困的关系中起着部分中介作用，其中介效应占总效应的比重分别为 21.22% 和 7.36%。

第四，进一步分析农机社会化服务采纳对农村内部比较视角下农户经济相对贫困的异质性影响发现，农机社会化服务采纳对农村内部比较视角下农户经济相对贫困的影响在户主个体特征、家庭特征以及区域特征中具有异质性。具体而言，相比户主为党员，在户主为非党员的情形下，农机社会化服务采纳对农村内部比较视角下农户经济相对贫困的缓解作用更明显，减贫效果更强；相比家庭劳动力数量多的农户，家庭劳动力数量少的农户采纳农机社会化服务对经济相对贫困的负向影响程度更高；相比承包地面积小的农户，承包地面积大的农户采纳农机社会化服务对经济相对贫困的负向影响程度更高；相比村庄地形为山区或丘陵地形的农户，村庄地形为平原的农户采纳农机社会化服务对经济相对贫困的负向影响程度更高。另外，进一步讨论了农机社会化服务采纳程度和服务供给主体对农村内部比较视角下农户经济相对贫困的影响发现，农机社会化服务采纳程度越高，越能缓解农户经济相对贫困，在其他控制变量不变的情形下，农机社会化服务采纳程度每增加一个单位，会使得农户经济相对贫困的发生概率减少6.3%；在其他控制变量不变的情形下，相比由农机户提供农机社会化服务，农机社会化服务由服务组织提供更能缓解农户经济相对贫困，会使得农户经济相对贫困的发生概率减少4.6%。

第五，农机社会化服务采纳对农户多维相对贫困具有显著负向影响，有利于缓解农户多维相对贫困，其主要通过促进效率提升、增加资本积累和降低风险冲击，缓解农户多维相对贫困。具体而言，在其他控制变量不变的情形下，采纳农机社会化服务的农户多维相对贫困发生率会减少20.3%；农户通过采纳农机社会化服务，促进效率提升、增加资本积累和降低风险冲击，改善经济条件、增强透明性保证和防护性保障以及提高社会机会可获性等，缓解多维相对贫困，其中农业生产效率、技能培训参与、社会网络、自然风险冲击是其主要的传导机制，农业生产效率的中介效应占比为51.17%，技能培训参与的中介效应占比为21.37%，社会网络的中介效应占比为1.74%，自然风险冲击的中介效应占比为12%。

第六，进一步分析农机社会化服务采纳对农户多维相对贫困的异质性影响发现，农机社会化服务采纳对农户多维相对贫困的影响在家庭特征和区域特征中具有异质性，但在户主个体特征中不存在异质性。具体而言，相比家庭劳动力数量少的农户，家庭劳动力数量多的农户采纳农机社会化服务对多维相对贫困的负向影响程度更高；相比承包地面积小的农户，承包地面积大的农户采纳农机社会化服务对多维相对贫困的负向影响程度更高；相比村庄地形为山区或丘陵地形的农户，村庄地形为平原的农户采纳农机社会化服务对多维相对贫困的负向影响程度更高。另外，进一步讨论了农机社会化服务采纳程度和服务供给主体对农户多维相对贫困的影响发现，农机社会化服务采纳程度越高，越能缓解农户多维相对贫困，在其他控制变量不变的情形下，农机社会化服务采纳程度每增加一个单位，会使得农户多维相对贫困的发生概率减少 9.7%；在其他控制变量不变的情形下，相比由农机户提供农机社会化服务，农机社会化服务由服务组织提供更能缓解农户多维相对贫困，会使得农户多维相对贫困的发生概率减少 6.6%。

第二节　政策启示

本文结论对于推进乡村振兴战略和脱贫攻坚有序衔接，做好后扶贫时代农户相对贫困治理具有启发意义。基于上述结论，有如下政策启示：

第一，应将完善农机社会化服务供需体系纳入农户相对贫困治理范畴，制定和完善以农户增收为目标的农机社会化服务发展体系。农机社会化服务作为小农户与现代农业有机衔接的桥梁，在促进农村产业兴旺的同时，提高了农户收入，降低了城乡以及农村内部之间的收入不平等，有效缓解了农户经济相对贫困，同时促进了农户可行能力提升，缓解了农户多维相对贫困。为此，要充分发挥农机社会化服务的缓贫效应，进一步完善农机社会化服务供需体系。一方面，应从供给侧对农机社会化服务体系进行完善，鼓励农机社会化服务进行模式创新，借助互联网等新技术，构建政府、市场和农户自身共同参与的服务体系，同时切合农户增收的目标需求，引导农户逐步从劳动密集型服务采纳向技术密集型服务采纳延伸，提高农机社会化服务采纳程度；要优化农机社会化服务供给，鼓励并支持农机社会化服务供给主体以农户增收为目标,为农户提供优质高效的农机服务;建立农机社会化服务信息管理平台,及时向农户发布农机社会化服务动态信息,帮助农户及时掌握相关服务信息并做出正确决策;此外,应优化农机社会化服务组织扶持政策,将农业企业、合作社以及服务队等服务组织纳入统一的服务管理平台,鼓励不同的服务组织进行合作,建立服务共享的成本分摊和优势互补机制,使农户获得更经济、更优质的农机服务,减缓农户相对贫困。另一方面,要引导农户转变生产经营理念,由依赖于劳动力和土地投入的传统生产经营模式向注重机械和技术投入的现代生产经营模式转变,扩大农机社会化服务需求,并形成"以需促供、以供带需"的良性循环模式。

第二,应鼓励和支持农地规模化经营与服务规模化经营有序衔接,充分发挥农机社会化服务的缓贫效应。农户土地经营面积扩大更有利于发挥农机社会化服务的效率提升机制,提高农户收入,增强农机社会化服务的缓贫效果。同时,农业经营空间布局会影响农机社会化服务供给,土地规模化经营对于农机社会化服务发展具有促进作用,而农机社会化服务发展又会进一步刺激农户采纳农机社会化服务,扩大农机社会化服务采纳范围,形成服务规模化经营格局,为农户相对贫困缓解创造条件。因而,在完善农机社会化服务发展政策时,应持续加快推进农地整合,鼓励土地规模化经营,构建"两条腿走路"的协调机制,更好地服务于农业生产和农户增收。

第三,应培育和强化山区农机社会化服务体系建设,充分发挥农机社会化服务的缓贫效应。由于地形限制,山区农机社会化服务发展相对缓慢,导致农机社会化服务对山区农户的缓贫效应较平原农户更低。因而,要充分发挥农机社会化服务的缓贫效应,一方面,要加大农业机械的研发推广力度,打造适宜山区的农业机械,补足山区农机社会化服务短板,释放农机社会化服务"红利"。以政府为主导,鼓励企业等市场组织积极参与,发挥高校研发力量,加快新农机装备和新技术的研发与示范推广,为山区农机化建设创造条件。另一方面,要加大农机化基础设施建设力度,着力推进山区耕地宜机化建设,因地制宜发展山地机械化系统,降低山地农业生产成本;推进山地高效农业生产农机水平,着力培育壮大农机社会化服务组织,提高农机专业合作社服务能力。

第四，应构建和完善农户就业技能培训配套体系，充分发挥农机社会化服务的缓贫效应。农机社会化服务将原本锁定于农业生产的劳动力进一步释放，为其寻求非农就业机会提供了基础，但能否实现"从非农就业机会到非农收入增长"的惊险跳跃，还需加大对农村劳动力的非农就业技能培训，并完善就业帮扶和就业信息发布等相关配套措施，进一步帮助并促进农村劳动力非农就业实现，增加农村劳动力的工资性收入。同时，构建政府、企业和个人共同参与的技能培训体系，既注重对农户通用技能的培训，也要注重对农户专业技能的培训，结合劳动市场需求和农户自身特点，精准化培训，提升农户人力资本，丰富社会资本，增强农户自身发展能力，为缓解相对贫困提供内生动力。

第三节 研究展望

（1）本文实证研究的样本主要来源于河南省，尽管具有河南省较大样本的农户抽样调查数据做支撑，并且在稳健性检验中运用广东省新丰县数据进行了对比研究，但样本的代表性在全国范围看相对有限，同时本文所用数据受客观条件的限制，仅限于截面数据，缺乏面板数据开展本研究，结果难免有失偏颇，结论推广可能存在一定的局限性。因此，扩大样本范围进行研究将是未来研究工作的一个努力方向。

（2）相对贫困具有主观性、动态性和复杂性，农户相对贫困尚无统一的衡量标准，尽管本文通过参考已有研究对农户相对贫困进行了刻画，但随着社会经济发展状况变化，农户相对贫困测度标准也在不断变化，需要在未来研究中作进一步探讨。

（3）由于农户相对贫困的影响因素复杂多样，本文的控制变量可能不足以完美涵盖所有影响因素，需要在未来研究中进一步完善。

（4）本文主要考察农机社会化服务采纳对农户相对贫困的影响，基于现实背景下农机社会化服务采纳状况，对农机社会化服务采纳的刻画集中在整

地和收割等劳动密集型服务，未来随着农户采纳农机社会化服务的范围逐渐
向技术密集型服务扩大，技术密集型服务对农户相对贫困的影响及其机制是
未来需要进一步探讨的内容。

参考文献

[1] [印度] 阿马蒂亚·森. 贫困与饥荒 [M]. 王宇, 王文玉, 译. 北京: 商务印书馆, 2001.

[2] [印度] 阿马蒂亚·森. 以自由看待发展 [M]. 于真, 任赜, 译. 北京: 中国人民大学出版社, 2002.

[3] [美] 埃尔德. 大萧条的孩子们 [M]. 田禾, 马春华, 译. 南京: 译林出版社, 2002.

[4] [美] 劳埃德·雷诺兹. 微观经济学: 分析和政策 [M]. 马宾, 译. 北京: 商务印书馆, 1986.

[5] 刘明宇. 贫困的制度成因: 产业分工与交换的经济学分析 [M]. 经济管理出版社, 2007.

[6] [英] 萨比娜·阿尔基尔等. 贫困的缺失维度 [M]. 刘民权, 韩华为, 译. 北京: 科学出版社, 2010.

[7] 白雪梅. 教育与收入不平等: 中国的经验研究 [J]. 管理世界, 2004 (6).

[8] 白永秀, 吴杨辰浩. 论建立解决相对贫困的长效机制 [J]. 福建论坛 (人文社会科学版), 2020 (3).

[9] 柏培文, 李相霖. 要素收入与居民分配格局 [J]. 吉林大学社会科学学报, 2020, 60 (5).

[10] 蔡键, 刘文勇. 农业社会化服务与机会主义行为: 以农机手作业服务为例 [J]. 改革, 2019 (3).

[11] 蔡键, 刘文勇. 社会分工、成本分摊与农机作业服务产业的出

现——以冀豫鲁三省农业机械化发展为例 [J]. 江西财经大学学报, 2017 (4).

[12] 蔡亚庆, 王晓兵, 杨军, 罗仁福. 我国农户贫困持续性及决定因素分析——基于相对和绝对贫困线的再审视 [J]. 农业现代化研究, 2016, 37 (1).

[13] 曹少杰, 李胜连, 张丽颖. 金融扶贫成果的巩固和完善——可行能力视角下金融扶贫的路径分析 [J]. 金融理论探索, 2020 (6).

[14] 曾晨晨. 农村居民健康对我国农村人口相对贫困的影响——以我国中西部地区为例 [J]. 农村经济, 2010 (9).

[15] 陈光燕, 庄天慧, 杨浩. 连片特困地区农业科技服务减贫成效影响因素分析——基于四川省 4 县农户的调研 [J]. 科技管理研究, 2015, 35 (18).

[16] 陈和午. 农户模型的发展与应用: 文献综述 [J]. 农业技术经济, 2004 (3).

[17] 陈宏伟, 穆月英. 农业生产性服务的农户增收效应研究——基于内生转换模型的实证 [J]. 农业现代化研究, 2019, 40 (3).

[18] 陈技伟, 江金启, 张广胜, 郭江影. 农民工就业稳定性的收入效应及其性别差异 [J]. 人口与发展, 2016, 22 (3).

[19] 陈技伟, 张广胜, 郭江影. 农民工的就业稳定性及其工资差距——基于无条件分位数分解 [J]. 南方人口, 2017, 32 (3).

[20] 陈进, 姚金霞, 杨建国, 袁志英, 陈燕英, 郭鹏. 四川农机社会化服务研究 [J]. 四川农业与农机, 2017 (3).

[21] 陈晶. 农业龙头企业贸易信贷服务及其对贫困地区农业发展的意义 [J]. 中国乡镇企业会计, 2015 (12).

[22] 陈宗胜, 沈扬扬, 周云波. 中国农村贫困状况的绝对与相对变动——兼论相对贫困线的设定 [J]. 管理世界, 2013 (1).

[23] 程名望, Jin Yanhong, 盖庆恩, 史清华. 中国农户收入不平等及其决定因素——基于微观农户数据的回归分解 [J]. 经济学 (季刊), 2016, 15 (3).

[24] 程永宏, 高庆昆, 张翼. 改革以来中国贫困指数的测度与分析 [J]. 当代经济研究, 2013 (6).

[25] 丁建彪. 中国农村扶贫措施成效评估指标选择与分析框架 [J]. 江苏社会科学, 2020 (2).

[26] 丁赛, 李克强. 农村家庭特征对收入贫困标准的影响——基于主观贫困的研究视角 [J]. 中央民族大学学报 (哲学社会科学版), 2019, 46 (1).

[27] 丁忠兵. 农村集体经济组织与农民专业合作社协同扶贫模式创新: 重庆例证 [J]. 改革, 2020 (5).

[28] 段培, 王礼力, 罗剑朝. 种植业技术密集环节外包的个体响应及影响因素研究——以河南和山西 631 户小麦种植户为例 [J]. 中国农村经济, 2017 (8).

[29] 段庆林. 中国农村家庭经济类型与分工经济研究 [J]. 经济学家, 2002 (5).

[30] 方师乐, 卫龙宝, 伍骏骞. 农业机械化的空间溢出效应及其分布规律——农机跨区服务的视角 [J]. 管理世界, 2017 (11).

[31] 冯贺霞, 王小林, 夏庆杰. 收入贫困与多维贫困关系分析 [J]. 劳动经济研究, 2015, 3 (6).

[32] 高帆. 分工演进与中国农业发展的路径选择 [J]. 学习与探索, 2009 (1).

[33] 高静, 张应良. 基于 1990—2011 年统计数据的农户创业、分工演进、交易效率与农村经济增长分析 [J]. 西南大学学报 (自然科学版), 2014, 36 (5).

[34] 龚道广. 农业社会化服务的一般理论及其对农户选择的应用分析 [J]. 中国农村观察, 2000 (6).

[35] 郭熙保, 周强. 长期多维贫困、不平等与致贫因素 [J]. 经济研究, 2016, 51 (6).

[36] 郝爱民. 农业生产性服务业对农业的外溢效应与条件研究 [J]. 南方经济, 2013 (5).

[37] 郝爱民. 农业生产性服务业对农业的影响——基于省级面板数据的研究 [J]. 财贸经济, 2011 (7).

[38] 郝爱民. 提升农业生产性服务业外溢效应的路径选择 [J]. 农业现代化研究, 2015, 36 (4).

[39] 何福平. 农村劳动力老龄化对我国粮食安全的影响 [J]. 求索, 2010 (11).

[40] 贺坤, 周云波. 精准扶贫视角下中国农民工收入贫困与多维贫困比较研究 [J]. 经济与管理研究, 2018, 39 (2).

[41] 胡熳华, 王东阳. 贫困地区技术创新的障碍因素和动力分析 [J]. 农业技术经济, 2004 (5).

[42] 胡薇. 累积的异质性生命历程视角下的老年人分化 [J]. 社会, 2009 (2).

[43] 胡新艳, 王梦婷, 吴小立. 要素配置与农业规模经营发展: 一个分工维度的考察 [J]. 贵州社会科学, 2018 (11).

[44] 胡新艳, 张雄, 罗必良. 服务外包、农业投资及其替代效应——兼论农户是否必然是农业的投资主体 [J]. 南方经济, 2020 (9).

[45] 胡新艳, 朱文珏, 刘恺. 交易特性、生产特性与农业生产环节可分工性——基于专家问卷的分析 [J]. 农业技术经济, 2015 (11).

[46] 胡雪枝, 钟甫宁. 人口老龄化对种植业生产的影响——基于小麦和棉花作物分析 [J]. 农业经济问题, 2013 (2).

[47] 胡祎, 张正河. 农机服务对小麦生产技术效率有影响吗? [J]. 中国农村经济, 2018 (5).

[48] 黄枫, 孙世龙. 让市场配置农地资源: 劳动力转移与农地使用权市场发育 [J]. 管理世界, 2015 (7).

[49] 黄国勇, 张敏, 秦波. 社会发展、地理条件与边疆农村贫困 [J]. 中国人口·资源与环境, 2014, 24 (12).

[50] 黄祖辉, 王敏, 宋瑜. 农村居民收入差距问题研究—— 基于村庄微观角度的一个分析框架 [J]. 管理世界, 2005 (3).

[51] 霍艳丽, 童正容. 从制度因素视角分析我国的相对贫困现象 [J].

技术与市场, 2005 (4).

[52] 冀名峰. 农业生产性服务业：我国农业现代化历史上的第三次动能 [J]. 农业经济问题, 2018 (3).

[53] 贾素云, 颜南. 提升农业科技服务水平 引领农村贫困人口脱贫致富 [J]. 吉林农业, 2017 (10).

[54] 姜松, 曹峥林, 刘晗. 农业社会化服务对土地适度规模经营影响及比较研究——基于 CHIP 微观数据的实证 [J]. 农业技术经济, 2016 (11).

[55] 姜长云. 关于发展农业生产性服务业的思考 [J]. 农业经济问题, 2016 (5).

[56] 焦克源, 陈晨. 社会资本对农村贫困代际传递影响机制研究 [J]. 中国人口·资源与环境, 2020, 30 (4).

[57] 解淑林. 你在外地打工挣钱 我当"保姆"帮你种田——腾冲市滇滩胜利农机专业合作社推出保姆式种田服务 [J]. 云南农业, 2018 (4).

[58] 靳涛. 农民贫困的制度滞后分析 [J]. 人文杂志, 2004 (1).

[59] 康锋莉, 区蕾, 赖磊. 中国居民可行能力不平等的测算 [J]. 统计与决策, 2015 (21).

[60] 兰晓红. 农业生产性服务业与农业农民收入的互动关系研究 [J]. 农业经济, 2015 (4).

[61] 郎贵飞, 夏莹. 贵州省农村贫困人口可行能力问题探析 [J]. 商场现代化, 2012 (27).

[62] 李宝山. 基于收入和支出识别测量贫困的差异研究 [J]. 调研世界, 2018 (4).

[63] 李斌. 加快构建解决相对贫困的长效机制 [J]. 农村·农业·农民 (B 版), 2020 (3).

[64] 李聪. 劳动力迁移对西部贫困山区农户生计资本的影响 [J]. 人口与经济, 2010 (6).

[65] 李俊鹏, 冯中朝, 吴清华. 农业劳动力老龄化与中国粮食生产——基于劳动增强型生产函数分析 [J]. 农业技术经济, 2018 (8).

[66] 李宁, 汪险生, 王舒娟, 李光泗. 自购还是外包：农地确权如何影

响农户的农业机械化选择？[J]. 中国农村经济, 2019 (6).

[67] 李小云, 许汉泽. 2020 年后扶贫工作的若干思考 [J]. 国家行政学院学报, 2018 (1).

[68] 李晓静, 陈哲, 刘斐, 夏显力. 参与电商会促进猕猴桃种植户绿色生产技术采纳吗？——基于倾向得分匹配的反事实估计 [J]. 中国农村经济, 2020 (3).

[69] 李晓明. 贫困代际传递理论述评 [J]. 广西青年干部学院学报, 2006 (2).

[70] 李颖慧, 李敬. 农业生产性服务供给渠道的有效性：农户收入和满意度视角——基于西南 4 省市问卷调查数据的实证分析 [J]. 西部论坛, 2019, 29 (2).

[71] 李振宇, 张昭, 刘浩. 农村教育结构变迁与收入贫困改善的系统研究 [J]. 国家行政学院学报, 2018 (2).

[72] 连玉君, 廖俊平. 如何检验分组回归后的组间系数差异？[J]. 郑州航空工业管理学院学报, 2017, 35 (6).

[73] 连玉君, 彭方平, 苏治. 融资约束与流动性管理行为 [J]. 金融研究, 2010 (10).

[74] 廖娟. 残疾人就业政策效果评估——来自 CHIP 数据的经验证据 [J]. 人口与经济, 2015 (2).

[75] 林闽钢. 相对贫困的理论与政策聚焦——兼论建立我国相对贫困的治理体系 [J]. 社会保障评论, 2020, 4 (1).

[76] 林相森, 李湉湉. 寒门何以出贵子？——教育在阻隔贫困代际传递中的作用 [J]. 江西财经大学学报, 2019 (5).

[77] 刘超, 朱满德, 陈其兰. 农业机械化对我国粮食生产的影响：产出效应、结构效应和外溢效应 [J]. 农业现代化研究, 2018, 39 (4).

[78] 刘成, 周晓时, 冯中朝, 彭玮. 中国小麦生产技术效率测算与影响因素分析——基于农机服务视角的研究 [J]. 中国农业资源与区划, 2019, 40 (10).

[79] 刘杰, 戴丹, 邹英. 基于可行能力视角的产业扶贫增能 [J]. 河海

大学学报（哲学社会科学版），2020，22（5）.

[80] 刘家成，钟甫宁，徐志刚，仇焕广. 劳动分工视角下农户生产环节外包行为异质性与成因 [J]. 农业技术经济，2019（7）.

[81] 刘明辉，卢飞，刘灿. 土地流转行为、农业机械化服务与农户农业增收——基于CFPS2016数据的经验分析 [J]. 南京社会科学，2019（2）.

[82] 刘明宇，黄少安. 解析农民面临的"制度性贫困陷阱"——对农村经济制度的历时关联和共时关联分析 [J]. 西安电子科技大学学报（社会科学版），2004（3）.

[83] 刘明宇. 分工抑制与农民的制度性贫困 [J]. 农业经济问题，2004（2）.

[84] 刘相汝，李容. 土地细碎背景下连片种植对农户获取地块规模经济的影响——以农机作业服务费为例 [J]. 中国农机化学报，2020，41（3）.

[85] 刘亚洲，钟甫宁，吕开宇. 气象指数保险是合适的农业风险管理工具吗？ [J]. 中国农村经济，2019（5）.

[86] 芦千文. 农业生产性服务业发展研究述评 [J]. 当代经济管理，2019，41（3）.

[87] 鲁钊阳. 农业生产性服务业发展对城乡收入差距的影响 [J]. 南京社会科学，2013（2）.

[88] 罗必良. 论服务规模经营——从纵向分工到横向分工及连片专业化 [J]. 中国农村经济，2017（11）.

[89] 罗必良. 论农业分工的有限性及其政策含义 [J]. 贵州社会科学，2008（1）.

[90] 罗必良. "三农"问题的症结及其化解逻辑 [J]. 经济理论与经济管理，2007（4）.

[91] 罗必良. 相对贫困治理：性质、策略与长效机制 [J]. 求索，2020（6）.

[92] 罗楚亮. 城乡居民收入差距的动态演变：1988—2002年 [J]. 财经研究，2006（9）.

[93] 罗明忠，陈江华. 农地禀赋、行为能力对农户经营收入的影响

［J］. 中国农业资源与区划, 2016, 37 (9).

［94］罗明忠, 陈江华, 唐超. 农业生产要素配置与农机社会化服务供给行为——以水稻劳动密集型环节为例 ［J］. 江苏大学学报（社会科学版）, 2019, 21 (1).

［95］罗明忠, 邱海兰. 农机社会化服务采纳、禀赋差异与农村经济相对贫困缓解 ［J］. 南方经济, 2021 (2).

［96］罗明忠, 邱海兰. 收入分配视域下相对贫困治理的逻辑思路与路径选择 ［J］. 求索, 2021 (2).

［97］罗明忠, 邱海兰, 陈小知. 农机投资对农村女性劳动力非农就业转移影响及其异质性 ［J］. 经济与管理评论, 2021, 37 (2).

［98］罗明忠, 唐超, 吴小立. 培训参与有助于缓解农户相对贫困吗? ——源自河南省 3278 份农户问卷调查的实证分析 ［J］. 华南师范大学学报（社会科学版）, 2020 (6).

［99］吕方. 迈向 2020 后减贫治理: 建立解决相对贫困问题长效机制 ［J］. 新视野, 2020 (2).

［100］吕勇斌, 赵培培. 我国农村金融发展与反贫困绩效: 基于 2003—2010 年的经验证据 ［J］. 农业经济问题, 2014, 35 (1).

［101］马红梅, 金彦平. 民族贫困地区农民工非农就业的社会资本分析 ［J］. 贵州民族研究, 2009, 29 (2).

［102］毛学峰, 辛贤. 贫困形成机制—分工理论视角的经济学解释 ［J］. 农业经济问题, 2004 (2).

［103］孟凡强, 吴江. 我国就业稳定性的变迁及其影响因素——基于中国综合社会调查数据的分析 ［J］. 人口与经济, 2013 (5).

［104］穆娜娜, 孔祥智, 钟真. 农业社会化服务模式创新与农民增收的长效机制——基于多个案例的实证分析 ［J］. 江海学刊, 2016 (1).

［105］彭代彦, 文乐. 农村劳动力老龄化、女性化降低了粮食生产效率吗——基于随机前沿的南北方比较分析 ［J］. 农业技术经济, 2016 (2).

［106］彭柳林, 池泽新, 付江凡, 余艳锋. 劳动力老龄化背景下农机作业服务与农业科技培训对粮食生产的调节效应研究——基于江西省的微观调

查数据 [J]. 农业技术经济, 2019 (9).

[107] 邱海兰, 唐超. 农业生产性服务能否促进农民收入增长 [J]. 广东财经大学学报, 2019, 34 (5).

[108] 曲玮, 涂勤, 牛叔文, 胡苗. 自然地理环境的贫困效应检验——自然地理条件对农村贫困影响的实证分析 [J]. 中国农村经济, 2012 (2).

[109] 单德朋, 余港. 农户创业与贫困减缓 [J]. 财贸研究, 2020, 31 (4).

[110] 商兆奎, 邵侃. 减灾与减贫的作用机理、实践失位及其因应 [J]. 华南农业大学学报 (社会科学版), 2018, 17 (5).

[111] 沈扬扬, 李实. 如何确定相对贫困标准? ——兼论 "城乡统筹" 相对贫困的可行方案 [J]. 华南师范大学学报 (社会科学版), 2020 (2).

[112] 宋海英, 姜长云. 农户对农机社会化服务的选择研究——基于 8 省份小麦种植户的问卷调查 [J]. 农业技术经济, 2015 (9).

[113] 苏静, 肖攀, 阎晓萌. 社会资本异质性、融资约束与农户家庭多维贫困 [J]. 湖南大学学报 (社会科学版), 2019, 33 (5).

[114] 孙敬水, 于思源. 农村居民收入差距适度性影响因素实证研究——基于全国 31 个省份 2852 份农村居民家庭问卷调查数据分析 [J]. 经济学家, 2014 (8).

[115] 孙久文, 夏添. 中国扶贫战略与 2020 年后相对贫困线划定——基于理论、政策和数据的分析 [J]. 中国农村经济, 2019 (10).

[116] 田新朝, 张建武. 农民工工资收入不平等与影响因素研究——基于广东问卷调查 [J]. 财经论丛, 2014 (3).

[117] 仝志辉, 侯宏伟. 农业社会化服务体系: 对象选择与构建策略 [J]. 改革, 2015 (1).

[118] 同春芬, 张浩. 关于相对贫困的研究综述 [J]. 绥化学院学报, 2015, 35 (8).

[119] 唐超, 罗明忠, 张苇锟. 70 年来中国扶贫政策演变及其优化路径 [J]. 农林经济管理学报, 2019 (3).

[120] 万广华, 周章跃, 陆迁. 中国农村收入不平等: 运用农户数据的

回归分解 [J]. 中国农村经济, 2005 (5).

[121] 汪三贵, 曾小溪. 后 2020 贫困问题初探 [J]. 河海大学学报 (哲学社会科学版), 2018, 20 (2).

[122] 汪三贵. 中国扶贫绩效与精准扶贫 [J]. 政治经济学评论, 2020, 11 (1).

[123] 王慧贤. 机械深松整地的作用及机具特点分析 [J]. 当代农机, 2014 (12).

[124] 王家忠. 努力推进农机社会化服务提档升级——在全国农机社会化服务提档升级现场会上的讲话 (摘要) [J]. 农机科技推广, 2018 (12).

[125] 王静, 霍学喜. 农户技术选择对其生产经营收入影响的空间溢出效应分析——基于全国 7 个苹果主产省的调查数据 [J]. 中国农村经济, 2015 (1).

[126] 王留鑫, 何炼成. 农业专业化分工: 研究进展与述评 [J]. 农林经济管理学报, 2017, 16 (3).

[127] 王美昌, 高云虹. 中国城乡贫困变动: 2004—2012 [J]. 中国人口·资源与环境, 2017, 27 (4).

[128] 王全忠, 陈欢, 周宏. 农机服务与农户稻作制度选择研究——基于要素替代与收入效应视角的分析 [J]. 农业经济与管理, 2015 (6).

[129] 王小林, 冯贺霞. 2020 年后中国多维相对贫困标准: 国际经验与政策取向 [J]. 中国农村经济, 2020 (3).

[130] 王秀芝, 易婷. 健康人力资本的收入效应 [J]. 首都经济贸易大学学报, 2017, 19 (4).

[131] 王玉斌, 李乾. 农业生产性服务、粮食增产与农民增收——基于 CHIP 数据的实证分析 [J]. 财经科学, 2019 (3).

[132] 王志刚, 申红芳, 廖西元. 农业规模经营: 从生产环节外包开始——以水稻为例 [J]. 中国农村经济, 2011 (9).

[133] 温忠麟, 叶宝娟. 中介效应分析: 方法和模型发展 [J]. 心理科学进展, 2014, 22 (5).

[134] 翁贞林, 徐俊丽. 农机社会化服务与农地转入: 来自小规模稻农

的实证 [J]. 农林经济管理学报, 2019, 18 (1).

[135] 武丽娟, 徐璋勇. 我国农村普惠金融的减贫增收效应研究——基于 4023 户农户微观数据的断点回归 [J]. 南方经济, 2018 (5).

[136] 武丽娟, 徐璋勇. 支农贷款影响农户收入增长的路径分析——基于 2126 户调研的微观数据 [J]. 西北农林科技大学学报 (社会科学版), 2016, 16 (6).

[137] 夏蓓, 蒋乃华. 种粮大户需要农业社会化服务吗——基于江苏省扬州地区 264 个样本农户的调查 [J]. 农业技术经济, 2016 (8).

[138] 邢鹂, 樊胜根, 罗小朋, 张晓波. 中国西部地区农村内部不平等状况研究——基于贵州住户调查数据的分析 [J]. 经济学 (季刊), 2008, 8 (1).

[139] 徐戈, 陆迁, 姜雅莉. 社会资本、收入多样化与农户贫困脆弱性 [J]. 中国人口·资源与环境, 2019, 29 (2).

[140] 徐静, 徐永德. 生命历程理论视域下的老年贫困 [J]. 社会学研究, 2009 (6).

[141] 杨帆, 庄天慧. 父辈禀赋对新生代农民工相对贫困的影响及其异质性 [J]. 农村经济, 2018 (12).

[142] 杨进, 吴比, 金松青, 陈志钢. 中国农业机械化发展对粮食播种面积的影响 [J]. 中国农村经济, 2018 (3).

[143] 杨颖. 从中国农村贫困的特征分析看反贫困战略的调整 [J]. 社会科学家, 2012 (2).

[144] 叶初升, 罗连发. 社会资本、扶贫政策与贫困家庭福利——基于贵州贫困地区农村家户调查的分层线性回归分析 [J]. 财经科学, 2011 (7).

[145] 尤亮, 刘军弟, 霍学喜. 渴望、投资与贫困: 一个理论分析框架 [J]. 中国农村观察, 2018 (5).

[146] 于乐荣, 李小云. 中国农村居民收入增长和分配与贫困减少——兼论农村内部收入不平等 [J]. 经济问题探索, 2013 (1).

[147] 俞福丽, 蒋乃华. 健康对农民种植业收入的影响研究——基于中国健康与营养调查数据的实证研究 [J]. 农业经济问题, 2015, 36 (4).

[148] 虞松波，刘婷，曹宝明. 农业机械化服务对粮食生产成本效率的影响——来自中国小麦主产区的经验证据 [J]. 华中农业大学学报（社会科学版），2019（4）.

[149] 翟羽佳，周常春，车震宇. 能力贫困视域下多维贫困农户能力再造研究 [J]. 统计与决策，2019，35（4）.

[150] 张传洲. 相对贫困的内涵、测度及其治理对策 [J]. 西北民族大学学报（哲学社会科学版），2020（2）.

[151] 张荐华，高军. 发展农业生产性服务业会缩小城乡居民收入差距吗？——基于空间溢出和门槛特征的实证检验 [J]. 西部论坛，2019，29（1）.

[152] 张丽，李容. 农机服务发展与粮食生产效率研究：2004—2016——基于变系数随机前沿分析 [J]. 华中农业大学学报（社会科学版），2020（2）.

[153] 张露，罗必良. 小农生产如何融入现代农业发展轨道？——来自中国小麦主产区的经验证据 [J]. 经济研究，2018，53（12）.

[154] 张琦，杨铭宇，孔梅. 2020 后相对贫困群体发生机制的探索与思考 [J]. 新视野，2020（2）.

[155] 张天成. "互联网＋"背景下农机社会化服务模式创新研究 [J]. 农业科技与信息，2018（18）.

[156] 张雪梅，李晶，李小云. 妇女贫困：从农村到城乡，从收入贫困到多维贫困——2000 年以来中国"妇女贫困"研究评述与展望 [J]. 妇女研究论丛，2011（5）.

[157] 张永丽，徐腊梅. 中国农村贫困性质的转变及 2020 后反贫困政策方向 [J]. 西北师大学报（社会科学版），2019，56（5）.

[158] 张永丽. "教育致贫"悖论解析及相关政策建议——以甘肃省 14 个贫困村为例 [J]. 西北师大学报（社会科学版），2017，54（2）.

[159] 张昭，杨澄宇，袁强. "收入导向型"多维贫困的识别与流动性研究——基于 CFPS 调查数据农村子样本的考察 [J]. 经济理论与经济管理，2017（2）.

[160] 张志军. 建立健全农业生产社会化服务体系 推动贫区农村商品经济发展 [J]. 甘肃社会科学, 1992 (3).

[161] 赵立华, 王兴录. 论加强贫困地区农业信息服务 [J]. 现代情报, 2003 (7).

[162] 赵亮, 张世伟. 农村内部收入不平等变动的成因——基于回归分解的研究途径 [J]. 人口学刊, 2011 (5).

[163] 赵玉亮, 邓宏图. 制度与贫困: 以中国农村贫困的制度成因为例 [J]. 经济科学, 2009 (1).

[164] 郑宏运, 李谷成, 周晓时, 黄勇. 农机社会化服务有利于培育新型农业经营主体吗?——以种植大户为例 [J]. 农业现代化研究, 2018, 39 (2).

[165] 郑中华, 特日文. 中国三元金融结构与普惠金融体系建设 [J]. 宏观经济研究, 2014 (7).

[166] 钟甫宁. 正确认识粮食安全和农业劳动力成本问题 [J]. 农业经济问题, 2016 (1).

[167] 周利平, 昝祺祺, 翁贞林. 农地确权何以提高农业生产效率? [J]. 山西农业大学学报 (社会科学版), 2020, 19 (5).

[168] 周文, 冯文韬. 贫困问题的理论研究与减贫实践的中国贡献 [J]. 财经问题研究, 2019 (2).

[169] 周怡. 贫困研究: 结构解释与文释的对垒 [J]. 社会学研究, 2002 (3).

[170] 周振, 张琛, 彭超, 孔祥智. 农业机械化与农民收入: 来自农机具购置补贴政策的证据 [J]. 中国农村经济, 2016 (2).

[171] 周仲高, 柏萍. 社会贫困趋势与反贫困战略走向 [J]. 湘潭大学学报 (哲学社会科学版), 2014, 38 (1).

[172] 朱昌丽, 周忠发, 谭玮颐. 喀斯特山区村域多维贫困空间异质性研究——以盘州市为例 [J]. 山地学报, 2019, 37 (3).

[173] 朱晓, 范文婷. 中国老年人收入贫困状况及其影响因素研究——基于2014年中国老年社会追踪调查 [J]. 北京社会科学, 2017 (1).

［174］祝华军，楼江，田志宏. 农业种植结构调整：政策响应、相对收益与农机服务——来自湖北省541户农民玉米种植面积调整的实证［J］. 农业技术经济，2018（1）.

［175］邹薇，方迎风. 关于中国贫困的动态多维度研究［J］. 中国人口科学，2011（6）.

［176］夏蓓. 种粮大户对农业社会化服务的需求及供给状况研究［D］. 扬州大学，2017.

［177］申康达. 生命历程视角下的农村动态贫困研究［D］. 中国农业大学，2014.

［178］李瑞华. 内蒙古贫困与反贫困的经济学研究［D］. 武汉理工大学，2013.

［179］胡伦. 基于生计能力的农户持续性贫困生成机制与脱贫路径研究［D］. 西北农林科技大学，2019.

［180］龚继红. 农业社会化服务体系中组织协同与服务能力研究［D］. 华中农业大学，2011.

［181］董欢. 农业经营主体分化视角下农机作业服务的发展研究［D］. 北京：中国农业大学，2016.

［182］曾志红. 我国农村扶贫资金效率研究［D］. 湖南农业大学，2013.

［183］陈健生. 生态脆弱地区农村慢性贫困研究［D］. 西南财经大学，2008.

［184］沈扬扬. 中国农村经济增长与差别扩大中的收入贫困研究［D］. 南开大学，2013.

［185］罗必良，罗明忠. 有效衔接全面脱贫与乡村振兴［N］. 中国社会科学报，2020-07-16.

［186］农业农村部. 2019，农机化系统扶贫在行动［N］. 农机化导报，2020-01-20.

［187］Benjamin D., Brandt L., Glewwe P., Guo L. *Markets, Human Capital, and Inequality：Evidence from Rural China* ［M］. University of Toronto：unpublished paper, 2000.

[188] Booth C. *Life and Labour of the People in London* [M]. NewYork: Macmillan and Company, 1902.

[189] Collier P. Social Capital and Poverty: *A Microeconomic Perspective, in Grootaert, c. and t. van Bastelaer, the Role of Social Capital in Development* [M]. Cambridge Press, 2002.

[190] Leisering L., Leibfried S. *Time and Poverty in Western Welfare States* [M]. Cambridge: Cambridge University Press, 1999.

[191] Lin N. Social Capital: *A Theory of Social Structure and Action* [M]. New York: Cambridge University Press, 2001.

[192] OECD. *Public Expenditure on Income Maintenance Programs* [M]. Paris: Organization for Economic Cooperation and Development, 1976.

[193] Rowntree B. S. Poverty: *A Study of Town life* [M]. London: Macmillan, 1901.

[194] Sen A. K. *Capability and Well-Being* [J]. Ouality of Life, 1991.

[195] Sen A. K. *Development as Capability Expansion* [J]. The Community Development Reader, 1990.

[196] Sen A. K. *Development as Freedom* [M]. NewYork: Knopf Press, 1999.

[197] Sen A. K. *Inequality Re-examined* [M]. Oxford: Clarendon Press, 1992.

[198] Stock J. H., Watson M. W. *Introduction to Econometrics* (3rd edition) [M]. London: Person Education Limited, 2012.

[199] Townsend P. *Poverty in the United Kingdom* [M]. London: Allen Lane, 1979.

[200] UNDP. *Human Eevelopment Report: Culture Liberty in Today's Diverse World* [M]. NewYork: Oxford University Press, 2004.

[201] UNDP. *Human Development Report* [M]. NewYork: Oxford University Press, 1990.

[202] UNDP. *Human Development Report* [M]. NewYork: Oxford University

Press, 1997.

[203] Valentine C. A. *Culture and Poverty: Critique and Counter-proposals* [M]. Chicago: The University of Chicago Press, 1995.

[204] Alkire S., Foster J. Counting and Multidimensional Poverty Measurement [J]. *Journal of Public Economics*, 2011, 95 (7-8).

[205] Alesina A., Rodrik D. Distributive Politics and Economic Growth [J]. *Quarterly Journal of Economics*, 1994 (2).

[206] Ayyagari M., Beck T., Hoseini M. Finance and Poverty: Evidence from India [J]. *CEPR Discussi-on Papers*, 2013.

[207] Banerjee A. V., Duflo E. The Economic Lives of the Poor [J]. *Journal of Economic Perspectives*, 2007, 21 (1).

[208] Baron R. M., Kenny D. A. The Moderator-mediator Variable Distinction in Social Psychological Research: Conceptual, Strategic, and Statistical Considerations [J]. *Journal of Personality and Social Psychology*, 1986, 51 (6).

[209] Becker G. S. Education and the Distribution of Earnings [J]. *American Economic Review*, 1966, 56 (1).

[210] Behrman J. R. The Action of Human Resources and Poverty on One Another: What We Have yet to Learn [J]. *Living Standards Measurement Study Working Paper*, 1990 (74).

[211] Chowdhury S., Squire L. Setting Weights for Aggregate Indices: an Application to the Commitment to Development Index and Human Development Index [J]. *Journal of Development Studies*, 2006, 42 (5).

[212] Coleman J. S. Social Capital in the Creation of Human Capital [J]. *American Journal of Sociology*, 1988, 94.

[213] Gradstein M, Justman M. Human Capital, Social Capital, and Public Schooling [J]. *European Economic Review*, 2000, 44 (4-6).

[214] Huang J., Brink H. M. V. D., Groot W. A Meta-analysis of the Effect of Education on Social Capital [J]. *Economics of Education Review*, 2009, 28 (4).

[215] Jalan J., Ravallion M. Behavioral Responses to Risk in Rural China [J]. *Journal of Development Economics*, 2001, 66 (5).

[216] Ji Y. Q., Hu X. Z., Zhu J., Zhong F. Demographic Change and its Impact on Farmers' Field Production Decisions [J]. *China Economic Review*, 2017, 43 (1).

[217] Kenneth A. R. Rural Non-farm Development: A Trade-theoretic View [J]. *Journal of International Trade & Economic Development*, 1998 (4).

[218] Lin N. Social Networks and Status Attainment [J]. *Annual Review of Sociology*, 1999, 25.

[219] Liu Y. S., Liu J. L., Zhou Y. Spatio Temporal Patterns of Rural Poverty in China and Targeted Poverty Alleviation Strategies [J]. *Journal of Rural Studies*, 2017 (52).

[220] Loayza N. V., Raddatz C. The Composition of Growth Matters for Poverty Alleviation [J]. *Journal of Development Economics*, 2010, 93 (1).

[221] Ma X., Heerink N., Ierland E. V., et al. Land Tenure Security and Land Investments in Northwest China [J]. *China Agricultural Economic Review*, 2013, 5 (2).

[222] Mogues T., Carter M. Social Capital and the Reproduction of Economic Inequality in Polarized Societies [J]. *Journal of Economic Inequality*, 2005, 3 (3).

[223] Narayan D., Pritchett L. Cents and Sociability: Household Income and Social Capital in Rural Tanzania [J]. *Economic Development and Cultural Change*, 1999, 47 (4).

[224] Olmstead A. L. The Mechanization of Reaping and Mowing in American Ariculture, 1833—1870 [J]. *Journal of Economic History*, 1975, 35 (2).

[225] Ravallion M. Chen S. Weakly Relative Poverty [J]. *Review of Economics and Statistics*, 2011, 93 (4).

[226] Reardon T., Vosti S. A. Links between Rural Poverty and the Environment in Developing Countries: Asset Categories and Investment Poverty [J]. *World

Development, 1995, 23 (9).

[227] Runciman W. G. Relative Deprivation and Social Justice: a Study of Attitudes to Social Inequality in Twentieth-century England [J]. *The British Journal of Sociology*, 1966.

[228] Schultz T. W. Investment in Human Capital [J]. *American Economic Review*, 1961, 51 (1).

[229] Sen K. Development as Capability Expansion [J]. *Journal of Development Planning*, 1989 (19).

[230] Sen K. Development: Which Way Now? [J]. *The Economic Journal*, 1983, 93 (372).

[231] Sen K. Issues in the Measurement of Poverty [J]. *The Scandinavian Journal of Economics*, 1979, 81 (2).

[232] Shi H., Yang X. A New Theory of Industrialization [J]. *Journal of Comparative Economics*, 1995 (20).

[233] Woolcock M., Narayan D. Social capital: Implications for Development Theory, Research, and Policy [J]. *The World Bank Research Observer*, 2000, 15 (2).

[234] Yang J., Huang Z., Zhang X., et al. The Rapid Rise of Cross-regional Agricultural Mechanization Services in China [J]. *American Journal of Agricultural Economics*, 2013, 95 (5).

[235] Yi Q., Chen M. Y., Sheng Y., Huang J. K. Mechanization Services, Farm Productivity and Institutional Innovation in China [J]. *China Agricultural Economic Review*, 2019, 11 (3).

[236] Zhu N., Luo. The Impact of Migration on Rural Poverty and Inequality: a Case Study in China [J]. Agricultural Economics, 2010 (41).

[237] Decancq K., Lugo A. Weights in Multidimensional Indices of Well-being: an Overview [R]. *OPHI Working Paper*, 2008, No. 18.

[238] Sen K. Poverty and Pamines: An Essay on Entitlement and Deprivation [R]. International Labour Organization, 1985.

[239] US. Department of Health and Human Services, Social Security Administration [R]. Washington, D. C: US Government Printing Office, 1990.

[240] Gould W. W. Ermistatas and Stata's New Erms Commands [EB/OL]. The Stata Blog: not Elsewhere Classified. https: //blog. stata. com/2018/03/27/ermistatas-and-statas-new-erms-commands/.

附　录

附录 A　河南省农户调查问卷（关键变量甄选）

农户所在地：

1. 所在县代码：_____

2. 所在镇代码：_____

3. 所在村代码：_____

4. 所在村民小组：_____

5. 该村民小组在本行政村内的水平处于：A. 很高；B 比较高；C. 中游；
D. 相对低；E. 很低

A 农户禀赋与收入

A.1 家庭人口（填入数字或划"○"）

1. 家庭人口数共有_____人（按户籍计，下同） 2. 其中：家庭劳动力总数_____（人）						
成员排序：户主、劳动力、老人、小孩 3. 被访者是谁_____（填写成员编号）	成员1 （户主）	成员2	成员3	成员4	成员5	成员6

4. 年龄							
5. 性别（0＝女；1＝男）							
6. 文化程度：A. 初中及以下；B. 中专或高中；C. 大专及以上							
7. 是否党员	0＝否 1＝是						
8. 是否村干部							
9. 是否参加过农业方面的技术培训							
劳动类型	10. 全年在家纯粹务农	0＝否 1＝是						
	11. 在家既务农还兼业							
	11.1 在家兼农业打工							
	12. 在本县内打工							
	12.1 本县农业打工							
	12.2 2016 年打工几个月							
	13. 本省（县外）打工							
	13.1 本省（县外）农业打工							
	13.2 2016 年打工几个月							
	14. 省外打工							
	14.1 省外农业打工							
	14.2 2016 年打工几个月							
	14.2 在哪个省打工（直接填写省名）							
	14.3 在哪个县打工（直接填写县名）							
	15. 累计在外打工多少年							
	16. 目前的打工收入（单位：元/月）							

养老医疗保障	17. 养老依靠（可多选）	A. 居民养老保险；B. 商业养老保险 C. 子女赡养；D. 家里的积蓄 E. 出租收入；F. 政府救济；G. 其他						
	18. 医疗保障（可多选）	A. 新农合医保；B. 商业医疗保险 C. 子女出钱；D. 家里积蓄或借钱 E. 出租收入；F. 政府救助；G. 其他						

A.2 社区特征与耕地资源（填入数字或在相应字母上划"○"）

1. 家庭的社区特征

1.1 您村所处的地形：A. 山区；B. 丘陵；C. 平原

1.2 您村的交通条件：A. 很差；B. 较差；C. 一般；D. 较好；E. 很好

1.3 您家离镇中心____公里，平时坐班车去一趟需要花费（单程）____小时；您家离县城____公里，平时坐班车去一趟需要花费（单程）____小时

2. 承包地状况与土地转出情况：承包地总面积：_____

C.2 粮食实际收获情况

1.2016 年小麦收获面积_____亩，总产量_____公斤

C.3 粮食的销售情况：

C3.2 小麦生产成本：农药费用_____元/季

C.4 农业社会化服务

C4.1 小麦生产状况

C4.1.1 小麦生产雇佣人工服务

环节	整地	收割
1. 该环节人工用工量（日/季）		

续表

环节	整地	收割
2. 是否雇佣人工（0＝否；1＝是）		
3. 雇工占该环节作业量比重（%）		
4. 人工价格（元/天）		
5.（或者）人工价格（元/亩）		
6. 生产性服务提供方：（直接填写序号） 1＝一般农户；2＝生产大户；3＝企业；4＝合作社；5＝本地专业服务队（组）；6＝外地专业服务队（组）；7＝其他		
7. 生产性服务获取难易程度： 0＝较难；1＝一般；2＝较容易		
8. 是否与服务供给方签订服务合同： 　　0＝无合同；1＝口头合同；2＝书面合同		
9. 签订服务合同的年限（0＝不定期）		

环节		整地	收割
10. 合同内是否约定服务标准	0＝否 1＝是		
11. 合同内是否约定了雇工价格生成机制（即如何确定雇工价格）			
12. 雇佣服务是否出现过纠纷			
13. 合同内是否约定了惩罚性条款			
14. 若有违约，惩罚性条款是否执行			

C4.1.2 小麦生产雇佣机械服务

环节	整地	收割
1. 使用机械（农机）占该环节作业量的比重（%）		
2. 其中，使用自有机械占该环节作业量的比重（%）		
3. 农机服务价格（元/天）		
4. 或者：农机服务价格（元/亩）		

环节	整地	收割
5. 农机服务提供方：1＝一般农户；2＝生产大户；3＝企业；4＝合作社；5＝本地专业服务队（组）；6＝外地专业服务队（组）；7＝其他（直接填写）		
6. 获取农机服务的难易程度：0＝较难；1＝一般；2＝容易		
7. 是否与农机服务供给方签订合同：0＝无合同；1＝口头合同；2＝书面合同		
8. 农机服务合同年限（0＝不定期）		
9. 合同内是否约定服务标准	0＝否 1＝是	
10. 合同内是否约定了农机服务价格生成机制（即如何确定收费价格）		
11. 雇佣服务是否出现过纠纷		
12. 合同内是否约定惩罚性条款		
13. 若出现违约，惩罚性条款是否有执行		

D 金融保险

D.1 储蓄

1. 2016 年底时，您家有存款余额：＿＿＿＿＿＿＿＿

A. 无　B. 1 万元及以下　C. 1 万~5 万元（含）　D. 5 万~10 万元（含）

E. 10 万元以上

D3.3 理赔

1. 2016 年是否遭遇了自然灾害：A. 是；B. 否

2. 减产比例大约是＿＿＿＿＿＿＿＿%

D.4 投资

请填写您家的农业资产（投资）情况

类型	物质形态与用途	投资总额（购置价格）	政府补贴金额	投资次数	投资年份（记录每一次投资的年份）【CAPI】什么时候建的或买的	资金来源：自有资金比例（%）
固定资产类型1	机耕路、灌溉设施、大棚、猪圈、鸡舍等【CAPI】机耕路跟城市道路一样，只是相比土路更宽，能走机械，所以叫机耕路					
固定资产类型2	拖拉机、收割机、脱粒机、喷洒设备等农机具					
固定资产类型3	运输、仓库、冷藏、包装、烘干等					
土地改良投资	有机肥的施用（年/斤）【CAPI】有机肥不是化肥，需要分清楚					
	平整、挖沟渠等工程措施【CAPI】平整就是将凹凸不平的土地弄平；沟渠一般用来灌溉，根据种类可以分为用土挖的沟渠和水泥做的沟渠					

D6.1 一般信任

1. 总体来说，您觉得与您打交道的人，总体上是很可信的：_____

A. 不同意　　　　　B. 不太同意　　　　　C. 一般

D. 比较同意　　　　E. 非常同意

D6.2 特殊信任

1. 请分别对下列对象的信任程度进行打分。最值得信任的为 10 分，最低为 1 分。

村集体_____　　　　乡、县级政府_____

E.1 培训、就业与创业

1. 2016 年您家是否有人接受过非农就业技能培训：

A. 是；　　　　　　B. 否；

?? 如果是，一共有_____人参加过，合计培训过_____天。

2. 您家的人在外打工是否签订劳动合同：

A. 都签了；　　　　B. 大部分签了；

C. 少部分签了；　　D. 没有签

3. 您家接受新生事物（如新的信息、技术、产品、农艺等）的态度：

A. 比较积极；　　　B. 一般；　　　　　C. 不太积极

E.2 农户未来土地利用与组织参与

1. 您村里是否有农民合作组织：

A. 是；　　　　　　B. 否或没有听说；

您家是否参加：

A 是；　　　　　　B 否

2. 您村里是否有专业技术协会：

A. 是；　　　　　　B. 否或没有听说；

您家是否参加：

A 是；　　　　　　B 否

3. 您村里已经有农村土地（股份）合作社：

A. 是；　　　　　　B. 否或没有听说；

您家是否参加：

A 是；   B 否

4. 您村里已经有农民金融合作社或金融互助组：

A. 是；   B. 否或没有听说；

您家是否参加：

A 是；   B 否

5. 您村里已经有农民劳务输出协会：

A. 是；   B. 否或没有听说；

您家是否参加：

A 是；   B 否

6. 您村里已经有农民创业协会：

A. 是；   B. 否或没有听说；

您家是否参加：

A 是；   B 否

E. 3 "干中学" 和 "向他人学习"

1. 与周围农户相比，您家在农业生产中对于新种子，通常是：

（1）使用时间：

A. 最早使用；   B. 较早使用；   C. 一般；

D. 较晚使用；   E. 很晚使用

2. 与周围农户相比，您家在农业生产中使用新的化肥与农药，通常是：

（1）使用时间：

A. 最早使用；   B. 较早使用；   C. 一般；

D. 较晚使用；   E. 很晚使用

E. 4 家庭收入水平

1. 2016 年您家的收入

【12.】总收入_____元，其中：

【13.】出售自家农产品_____元；

【14.】外出打工_____元；

【15.】本地打工_____元；

【16.】做生意或开工厂_____元；

【17.】农地出租_____元；

【18.】房屋出租_____元；

【19.】各类政府补贴_____元；

【20.】入股分红收入_____元；

【21.】亲友馈赠_____元；

【22.】其他_____元；

【22.】1-11项加总_____元（调研员计算填写，应与【1】一致）

2. 2016年您家的支出

【23.】总支出_____元，其中：

【24.】购置生产性固定资产_____元；

【25.】购置生活性固定资产_____元（房屋、家电等）；

【26.】食品支出_____元；

【27.】衣着_____元；

【28.】燃料_____元；

【29.】水电费_____元；

【30.】教育支出_____元；

【31.】医疗支出_____元；

【32.】赠送礼金_____元；

【33.】其他_____元；

【23.】13-23项加总_____元（调研员填写，应与【13】一致）

附录 B　广东省新丰县农户和村庄调查问卷
（关键变量甄选）

（农户问卷）

A 基本信息

A.1 农户抽样编号【1.】＿＿＿＿＿＿＿＿＿＿

A.2 村庄抽样编号【2.】＿＿＿＿＿＿＿＿＿＿

说明：与村庄问卷对应。

A.3 访问年份【3.】＿＿＿＿＿年

A.4 被调查农户所在地

【4.】＿＿＿＿＿县【5.】＿＿＿＿＿乡/镇

【6.】＿＿＿＿＿村【7.】＿＿＿＿＿村民小组

B 农户家庭基本情况

B.1 家庭基本情况

B.1.1　2017 年收入

【12.】总收入＿＿＿＿＿元，其中：

【13.】出售自家农产品＿＿＿＿＿元；

【14.】外出打工＿＿＿＿＿元；

【15.】本地打工＿＿＿＿＿元；

【16.】做生意或开工厂＿＿＿＿＿元；

【17.】农地出租＿＿＿＿＿元；

【18.】房屋出租＿＿＿＿＿元；

【19.】各类政府补贴＿＿＿＿＿元；

【20.】入股分红收入＿＿＿＿＿元；

【21.】亲友馈赠＿＿＿＿＿元；

【22.】其他_____元

B.2 农户家庭各成员的基本情况

B.2.1 家庭成员（户籍人口）共有【35.】_____人

说明：下面是各家庭成员的具体情况，请根据空【35.】中的数字填写后续题项。

B.2.2 农户各成员家庭情况表

		户主	家人1	家人2	家人3	家人4	家人5	家人6	家人7	家人8
是否参与本次调查（0=否；1=是）										
与户主关系										
注：2=配偶，3=子女，4=孙辈，5=父母，6=（外）祖父母，7=兄弟姐妹，8=儿媳女婿，9=亲戚，10=其他（请说明）_____										
出生年份（如：1957）										
出生月份（如：3）										
性别（0=女；1=男）										
婚姻状况										
0=未婚；1=已婚；2=离异；3=丧偶										
文化程度										
0=不识字（文盲）；1=小学及以下；2=初中；3=高中（或中专）；4=大专及以上										
2017年个人花掉的医疗费用（单位：元）										
是否在读学生	0=否 1=是									
是否党员										
是否村干部										
是否少数民族										
是否购买了合作医疗保险										
是否购买了城乡居民养老保险										
是否有购买其他的商业医疗和养老保险										

续表

		户主	家人1	家人2	家人3	家人4	家人5	家人6	家人7	家人8
2017年全年在家劳动时间（月数，<=12）										
全年在家劳动	劳动类型 自己家里干农活	0=否 1=是								
	帮他人干农活									
	在附近打零工									
	办工厂、做买卖									
	教师、村务等									
	在家劳动时给别人打工的收入（单位：元）									
非全年在家劳动	劳动类型 外出务工	0=否 1=是								
	外出务农									
	外出经商办厂									
	外出地点 省									
	市									
	区/县									
	个人全年收入（单位：元）									

C 农户耕地情况

C.1 承包地情况

【346.】承包地总面积_____亩

210

C.4.2 耕地权利感知与行为

【453.】您是否赞成农地确权登记颁证政策：

□否 □不清楚 □是

【457.】政府相关部门是否清晰解释过农地确权相关政策：

□否 □不清楚 □是

F 水稻种植社会化服务情况

雇佣机械服务（对方出工出设备）		环节	
		整地	收获
是否雇佣机械服务（0＝否；1＝是）			
机械服务价格（元/天）			
机械服务价格（元/亩）			
服务提供方	1＝一般农户；2＝生产大户；3＝企业；4＝合作社；5＝专业服务队（组）；6＝其他（直接填写）		
外包面积（亩）			
外包服务获取难易程度（0＝较难；1＝一般；2＝较容易）			
是否签订合同（0＝无合同；1＝口头合同；2＝书面合同）			
合同年限（0＝不定期）			
合同是否约定服务标准	0＝否 1＝是		
雇佣服务是否出现过纠纷			
合同是否约定惩罚性条款			
如果出现违约，惩罚性条款是否执行了			

F.4 当地组织化情况

【966.】您村里是否有农民专业技术协会：

□没有、没听说 □有，但没有加入 □有，并且加入了

【967.】农村土地（股份）合作社：

□没有、没听说 □有，但没有加入 □有，并且加入了

【968.】农民金融合作社或金融互助组：

□没有、没听说　　　□有，但没有加入　　　□有，并且加入了

【969.】农民劳务输出协会：

□没有、没听说　　　□有，但没有加入　　　□有，并且加入了

【970.】农民创业协会：

□没有、没听说　　　□有，但没有加入　　　□有，并且加入了

H 金融保险

H.1 储蓄

【986.】2017 年底时，您家有存款余额：

□无　　　　　　　□1 万元及以下　　　□1 万~5 万元（含）

□5 万~10 万元（含）　□10 万元以上

I 信任特征

I.1 一般信任

【1132.】总体来说，您觉得与您打交道的人很可信：

□不同意　　　　　　□不太同意　　　　　□一般

□比较同意　　　　　□非常同意

I.2 特殊信任

请分别对下列对象的信任程度进行打分，最低 1 分，最高 10 分。

【1143.】村集体_____

【1144.】乡、县级政府_____

（村庄问卷）

B.1.2 村生产情况

【35.】经济情况与邻村相比：

□较差　　　　　　　□差不多　　　　　　□较好

B.4 地理资源条件

【49.】村所处地形属于：

□平原　　　　　　　□丘陵　　　　　　　□山地

□高原　　　　　　　□盆地

【50.】村到镇政府有＿＿＿＿＿公里，

【51.】是否有公交车：□否　　□是，

【52.】最快需要＿＿＿＿＿小时

【53.】村到县政府有＿＿＿＿＿公里，

【54.】是否有公交车：□否　　□是，

【55.】最快需要＿＿＿＿＿小时

后　记

相对贫困治理是中国在脱贫攻坚完成后逐步实现共同富裕、推进社会主义现代化过程中亟待深入研究的重大问题。与绝对贫困相比，相对贫困具有长期性和复杂性等特征，缓解农户相对贫困需着眼于农户内生发展能力提升，使其获得持续性脱贫动力，避免其落入相对贫困陷阱。随着技术进步和农村要素流动，农业分工的空间被进一步拓宽，农户开始走向开放化生产经营，使得农业生产效率逐步提升、风险逐渐降低，其资本积累也逐渐增加，进而影响其相对贫困状态。其中，农机社会化服务是农业分工深化的重要体现。本书探讨农机社会化服务对农户相对贫困的影响既符合现实发展要求，也为今后相对贫困问题解决提供了一个较为新颖的视角。

本书系国家社会科学基金青年项目"乡村振兴背景下小农户对接电商市场的机制与路径研究"（项目编号：22CGL027）；国家自然科学基金重点课题"乡村振兴进程中的农村经济转型的路径与规律研究"（项目编号：71934003）；江西省高校人文社会科学研究一般项目"相对贫困视角下农机服务与农户减贫作用机理研究：驱动力与支持政策设计"（项目编号：JJ21227）；江西省教育厅科学技术研究项目"乡村振兴背景下农业技术变迁对农村经济转型的作用路径与规律研究"（项目编号：GJJ210461）；教育部全国高等学校农业经济管理类本科教学质量与教学改革工程项目"乡村振兴视域下农业高校人才培育的路径选择与机制设计研究"（项目编号：NJX22124）；江西农业大学教学改革研究课题"本科层次职业教育人才培养的路径选择与机制设计研究"（项目编号：2022B2ZZ12）的阶段性成果。